突　破　认　知　的　边　界

进退

秦尘 著

光明日报出版社

图书在版编目（CIP）数据

进退 / 秦尘著 . -- 北京 : 光明日报出版社 , 2024.
7. -- ISBN 978-7-5194-8081-3

Ⅰ . Z126-49

中国国家版本馆 CIP 数据核字第 2024MS7465 号

进退

JINTUI

著　　者：秦　尘

责任编辑：谢　香　　　　责任校对：徐　蔚

特约编辑：王　猛　　　　责任印制：曹　净

封面设计：于沧海

出版发行：光明日报出版社

地　　址：北京市西城区永安路 106 号，100050

电　　话：010-63169890（咨询），010-63131930（邮购）

传　　真：010-63131930

网　　址：http://book.gmw.cn

E － mail：gmrbcbs@gmw.cn

法律顾问：北京市兰台律师事务所龚柳方律师

印　　刷：河北文扬印刷有限公司

装　　订：河北文扬印刷有限公司

本书如有破损、缺页、装订错误，请与本社联系调换，电话：010-63131930

开　　本：170mm × 240mm　　　　印　　张：16.5

字　　数：191 千字

版　　次：2024 年 7 月第 1 版

印　　次：2024 年 7 月第 1 次印刷

书　　号：ISBN 978-7-5194-8081-3

定　　价：58.00 元

前　言

进与退，似乎仅仅是两个字之间的简单选择，却蕴含了深刻的处世哲学。“进”代表积极进取、勇往直前，而“退”则代表谦让、反思与策略性调整。进退之道，实则是人生智慧的体现，是在纷繁复杂的世界中寻求个体与社会、理想与现实相平衡的一种策略。进退之道，关乎选择，关乎时机，关乎人生态度。进退得当，则事半功倍，能够在风云变幻的人生旅途中立于不败之地。本书旨在探讨这种历久弥新的智慧，帮助读者在面临人生抉择时，能够更加从容和明智。

在中国传统文化中，进退之道早已深入人心，成为历代智者、贤者所推崇的处世法则。儒家讲究中庸，强调“过犹不及”，其中的“度”便是进退之道的精髓。道家则注重顺应自然，“无为而治”，在进退之间寻求一种与天地万物相和谐的境界。兵家更是将进退策略运用到极致，以最小的代价赢得战争。这些思想都在不同层面上体现了进退之道的核心价值。

在历史长河中，不乏深谙进退之道的杰出人物。比如春秋战国时期的范蠡，他辅佐越王勾践灭吴后，选择了急流勇退，泛舟五湖，这是典型的“功成身退”的智慧。范蠡深知，在政治斗争中，适时的退让比无休止的争斗更能保全自身。他的选择，不仅保全了自己的性命，也在后世留下了“商圣”的美誉。

再如三国时期的蜀汉丞相诸葛亮，也是进退之道的典范。他六出祁山北伐中原，虽屡屡受挫，但从不言败，每次撤退之后都能重整旗鼓，再次进攻，这是“进”的智慧；同时，他也知道何时应该暂时退却，以待时机，如木牛流马之计，就是以退为进，用巧妙的策略赢得了时间与空间。诸葛亮的进退之道，不仅体现在军事策略上，更彰显在他对国家、对民族的深邃思考中。他深知，进则有望恢复汉室，退则可保蜀汉基业。这种以退为进、以守为攻的策略，正是进退之道的精髓所在。

进退之道，对于当代人而言，同样具有重要的指导意义。在快速发展的社会中，人们面临着更多的选择和挑战。如何在这些选择中做出明智的决策，如何在挑战中保持冷静与理智，这都需要我们运用进退之道。

在职场上，进退之道表现为对时机的准确把握和对形势的敏锐洞察。知道何时该积极进取，争取更好的职位和待遇；何时又该暂时退让，积蓄力量，等待更好的机会。这种审时度势的能力，是每个职场人都应该具备的素质。

在人际交往中，进退之道则体现为对他人的尊重和理解。知道何时该表达自己的观点，何时又该倾听他人的声音。这种以退为进、以柔克刚的交往方式，不仅能够改善人际关系，还能够提升个人的魅力和影响力。

在家庭中，进退之道也是维系家庭和谐的重要法则。夫妻之间、父母与子女之间，都需要掌握适当的进退尺度。过度的进或退都可能破坏家庭的平衡与和谐。

进退之道并非一成不变的教条，而是一种随着时代变迁而不断发展的智慧。在当代社会，我们需要结合实际情况灵活运用这一哲学思想以应对各种挑战和机遇。

当然，进退之道并非万能的灵丹妙药，它更像是一种思维方式和生活态度。在面对复杂多变的人生时，我们需要不断地学习、实践和反思，才能真正领悟进退之道的精髓并为我所用。

在当今这个日新月异的时代，我们面临着前所未有的挑战和机遇。科技的飞速发展、经济的全球化以及社会的多元化，都对我们提出了更高的要求。如何在这样的时代背景下立足，并不断发展壮大自己？这需要我们不断地学习和探索。

进退之道作为中国传统文化中的一种重要哲学思想，对于我们应对现代社会的挑战具有重要的指导意义。它告诉我们，在面对困难和挑战时，既要敢于迎难而上、积极进取；又要懂得适时退让、保存实力。这种灵活应变的处世哲学正是我们在当代社会中不可或缺的生存智慧。

在创作本书的过程中，笔者力求通过丰富的历史事例和深入浅出的分析来展现进退之道的博大精深。希望读者在阅读过程中能够感受到这一哲学思想的魅力，并将其应用于实际生活中，从而实现个人价值和社会发展的和谐共生。

在未来的日子里，笔者将继续关注社会发展和读者需求，为读者提供更多有价值的内容和服务。愿每一位读者都能够在人生的道路上不断进步、不断成长！

目录

强进无退

人生进击，当有横刀立马之姿

势退谋进

策谋深远，因势利导定乾坤

佯退实进

忍辱图强，弱势者终能成赢家

当退则退

勇者何惧失败，他日卷土重来

功成身退

事了拂衣去，深藏身与名

退亦有道

知足是大智慧，知止是大境界

进退相宜

攻守兼备，能屈能伸，大事可成

巧进巧退

为人温良恭俭让，方能进退自如

知进能退

进可乘风破浪，退可从容自渡

强进无退

人生进击，当有横刀立马之姿

真英雄，当壮志不改、志向高远

原文

骥虽伏枥，足能千里；鹄即垂翅，志在九霄。

——《小窗幽记》

译文

好马虽被困于马槽之间，但仍然可以跑千里之远。即使压抑住鸿鹄的翅膀，却压抑不住它翱翔于九天的壮志。

典故趣读

廉颇，山西太原人，战国末期赵国有名的将领，他与当时的白起、王翦、李牧并称为“战国四大名将”。廉颇曾经带兵攻打齐国，大获全胜，并最终占领了晋阳地区，赵王为了奖励他的战功，将他封为上卿。在当时，廉颇也因为他的作战勇猛而在各诸侯国家中赫赫有名。

长平之战中，廉颇亲自率领赵军，采用坚守城池的方法成功抵挡住了秦国军队的猛烈进攻。长平之战后，他再次率军粉碎了燕国入侵

赵国的野心，更杀掉了燕国大将栗腹，最终使得燕国只能以割让给赵国五座城池的代价来平息战事。当时的赵国国君对廉颇大为赞赏，让他担任相国一职，更封他为信平君。

公元前245年，赵孝成王撒手人寰，他的儿子赵悼襄王继承了他的皇位。赵悼襄王虽然继承了父亲的江山，却没有继承父亲知人善任的品质。赵悼襄王听信了奸臣郭开的谗言，对廉颇产生了猜疑，担心他功高盖主，于是下令解除了廉颇的官职，派乐乘去接替廉颇的职务。廉颇面对奸臣当道的朝廷以及自己受到的不公正的待遇，内心感到非常愤怒。于是，他一气之下就离开了赵国，投奔了魏国。

虽然魏国国君也很高兴得到了廉颇这一员大将，但是担心这是赵国的阴谋，所以魏国始终不是很信任他，不愿意让他担任重要的职务。就这样，廉颇在魏国的都城大梁住了很长时间，却始终得不到施展才华的机会，壮志难酬。

后来，随着秦国的国力逐渐强盛，秦国加快了一统天下的步伐。秦国将目标锁定在腐朽不堪的赵国身上。其他国家虽然已经认识到了秦国的强大，保持着足够的警惕，但战火没有烧到自己身上的时候，他们还是想要坐山观虎斗，想做那个最后的渔翁，其中也包括魏国。而此时在魏国的都城大梁中，有一个孤独的老人心急如焚却又无可奈何，他就是廉颇。

每天听着前方战场传来的种种消息，廉颇也只能借酒浇愁。想想曾经经常与他一起痛饮的蔺相如，曾经与他并肩作战的赵奢，还有那如今正独自支撑着整个赵国的李牧，他多么希望回到率领部下冲锋杀敌的日子，多么希望他是战争的主角。然而，想到赵王身边的郭开之流，他自己也知道，一切都回不去了，赵王是不会给他机会的。

随着秦赵战场上赵国军队的节节败退，赵王终于想到了廉颇，想到了那个曾经无数次拯救赵国的战无不胜的神将廉颇。于是，赵王派遣身边的宦官唐玖作为使者到魏国去接回大将廉颇，并特意嘱咐使者带了一副非常名贵的盔甲和四匹宝马。如今的赵国已经看不到希望了，只有寄希望于廉颇了。

然而，廉颇的仇人郭开却不愿意看到廉颇回到赵国重新掌握权势。但是他也知道赵王已经决意要派使者去魏国了，所以他只能从使者身上想办法。于是，郭开暗中买通了唐玖，让他想办法阻止廉颇回归。

就这样，一支不愿让廉颇顺利回归的使者队伍向着魏国出发了。当使者队伍出现在廉颇面前的时候，老将军也感到非常惊讶，但是听到是赵王派来查看自己近况，想要请他重新出山的时候，即使是经历过无数生死的廉颇也不禁老泪纵横，心想，自己终于盼到这一天了。

当晚，廉颇专门摆好酒席盛情款待了使者队伍。唐玖当场宣读了赵王的命令，并将盔甲、宝马都送给了廉颇。廉颇非常开心，瞬间觉得浑身充满了力量，仿佛又回到了年轻时上阵杀敌的那一刻。席间，廉颇吃了整整一斗的大米和十多斤肉食，比很多壮年小伙子的胃口都要好。

饭后，唐玖请廉颇上马演示一番，想要看看他是不是还保持着当年战场杀敌的状态。廉颇心里知道，这是赵王的主意，想要看看他是否能够担当重任，于是毫不犹豫地穿上了盔甲，骑着宝马在校场上跑了好几圈，即使有几十斤的盔甲挂在身上，也丝毫没有劳累的样子。

看着状态神勇的廉颇，即使是唐玖也不得不佩服，但想到郭开的嘱咐，他心里还是无奈地叹了口气。

第二天，使者队伍要回去向赵王汇报情况了。廉颇站在城门口，望着那逐渐远去的马车，内心充满了期待，他相信自己又可以带兵打仗了，继续建功立业的机会即将到来！

唐玖回到赵国后，向赵王汇报道："廉颇将军虽然年纪已经很大了，但是他的饭量还很好，一顿饭吃了十多斤肉呢，只是吃一顿晚餐的时间，就去了三次厕所。"赵王一听，断定原来那个神勇的廉颇已经不在了，于是不再打算任用他。就这样，廉颇失去了为赵国尽忠的最后机会，赵国也失去了可能扭转局势的机会。

进退之道

"老骥伏枥，志在千里"，然而即使是千里马，也需明眼人来甄别，否则这匹马只会终老于马槽之间，固有鸿鹄之志，却无人提携。

人生中的困境和挫折是难免的，但关键在于我们如何面对它们。有志者应该像骥马和天鹅一样，即便身处困境，也要怀抱远大抱负，不放弃追求梦想的勇气和信念。只有这样，我们才能在人生的道路上不断前行，实现自己的价值和理想。

同时，我们也应该警惕那些别有用心的人，他们可能会用各种手段来阻挠我们的梦想和追求。因此，我们需要保持清醒的头脑和坚定的信念，不被外界的干扰所影响，始终坚守自己的初心和使命。

示敌以强，谋定而后动

原文

凡战，若敌众我寡，敌强我弱，须多设旌旗，倍增火灶，示强于敌，使彼莫能测我众寡、强弱之势，则敌必不轻与我战，我可速去，则全军远害。

——《百战奇略》

译文

凡与敌人交战，如果敌人兵力众多而我方兵力较少，敌人实力强大而我方实力较弱，这时就应该多设置旌旗，并成倍增加煮饭的灶数，以此来向敌人显示我方的强大，使敌人无法摸清我方兵力的多少和实力的强弱，敌人因此就不敢轻易与我方交战。这样，我方就可以迅速撤离，使全军远离危险。

典故趣读

东汉永初四年（110），西北凉州地区的羌族大军向汉朝发起了猛烈的攻势，一度将西京长安置于包围之中。与此同时，北部的匈奴亦频繁侵扰汉朝边境，面对两大强敌，汉朝兵力显得捉襟见肘。当时，汉安帝的母亲邓太后及其兄长、大将军邓骘掌控朝政。面对羌人的威胁，邓大将军提议放弃凉州，集中力量在并州与匈奴作战。他以破衣为喻，强调只能保全一方。大臣们畏惧邓骘的权势，纷纷附和。然而，时任郎官的虞诩听闻此事后，愤然向太尉李修表达了自己的反对意见。

虞诩激昂陈词道："光武皇帝历经百战，方开创今日之基业，我们岂能轻言放弃凉州？一旦失守，富饶的关中平原将沦为战火纷飞之地，长安亦将岌岌可危。凉州百姓之所以奋勇抵抗，正是因为他们深信朝廷不会抛弃他们。若朝廷放弃凉州，民心将随之流失，届时即便是姜太公复生，恐怕也难以收复失地。"李修深觉其言有理，于是在御前会议上转述了虞诩的观点，最终朝廷决定积极备战，抵御羌人。

邓骘见虞诩一个小官竟敢挑战自己的权威，心生报复之意。恰逢朝歌地区饥民起事，他便派虞诩孤身前往平定。虞诩凭借智慧和勇气，成功平息了叛乱，名声大振。邓太后得知此事后，对虞诩颇为赏识，不仅亲自接见，还破格提拔他为武都太守，命其率军平定羌乱。

虞诩率军前往武都途中，遭遇羌人阻击。他深知兵力不足，不宜强攻，遂下令部队原地休整，并散布消息以迷惑敌人。羌人误以为虞诩无力进攻，遂分散兵力劫掠附近州县。虞诩趁机率军急行，直取武都。羌人发现中计后，急忙集结骑兵追赶。为迷惑敌人，虞诩令炊事兵增加灶数，制造汉军兵力增加的假象。羌人不明真相，只敢远远尾随，不敢逼近。

虞诩的部下对此不解，询问他为何反其道而行之。虞诩笑答：

“兵法需灵活运用。孙膑减灶示弱以诱敌深入，我们今日增灶示强以吓退追兵。敌人势众而我军势弱，若走得太慢恐遭追击，何谈救援武都？我们今日之举，正是为了迅速摆脱敌人，赶往武都救援。”摆脱追兵后，虞诩率军抵达武都，击败羌军，巩固边防。他随后在武都修筑堡垒，安置难民，发展生产。数年之后，武都人口大增，西北边患得以平息。

进退之道

示敌以强，不仅是一种军事策略，也可以用于为人处世的进退之道。示敌以强，并非简单地展示实力，更是展现自身的信心和决心。当面临困境时，我们应坚定信念，积极应对，以此向外界传递出我们的决心和勇气。这种强势的展现，往往能够震慑对手，使其不敢轻易挑衅。

破釜沉舟，置之死地而后生

原文

帅与之期，如登高而去其梯；帅与之深入诸侯之地，而发其机，焚舟破釜，若驱群羊，驱而往，驱而来，莫知所之。聚三军之众，投之于险，此谓将军之事也。

——《孙子兵法》

译文

将帅下达战斗命令，像登高而抽去梯子一样，使士卒有进无退；将帅与士卒深入诸侯重地，捕捉战机，发起攻势，像射出的箭矢一样勇往直前，像破釜沉舟那样义无反顾。对士卒如同驱赶羊群，赶过来，赶过去，使他们不知要到哪里去。聚集全军，置于险境，这就是统帅军队的任务。

典故趣读

秦朝末年，反秦起义如燎原之火，其中就包括项羽与他的叔父项梁。他们在山东与河南地区带领大军屡次击败秦军，战绩显赫。但在定陶一役中，秦将章邯重创楚军，项梁也英勇战死。之后，章邯渡过黄河，挥师北进攻打赵国。

楚王随后任命宋义为上将军，项羽为副将，领兵驰援赵国。但当楚军抵达安阳地区后，却停滞不前，一等就是四十六天。项羽急不可耐，力劝宋义立即渡河与赵军夹击秦军，然而宋义却迟迟未做决断。

当时正值严冬，士兵们在饥寒交迫中苦苦挣扎，而宋义却沉溺于享乐之中，这让项羽大为震怒。于是在一天清晨，他冲入宋义的营帐，将其斩首，并提着他的头颅向全军发布号令。众将领被这突如其来的变故所震惊，纷纷表示效忠于项羽。

项羽随即向楚王报告了情况，楚王当机立断，任命项羽为上将军。项羽不负所望，立刻率全军渡河北上。为了表示决心，他下令凿沉所有渡船，砸毁饭锅，烧毁岸边房屋，每人仅发放三日的口粮，以示此行有进无退，誓死决战。

楚军一抵达前线，便迅速将秦军包围，切断了他们的粮草供应。经过一场激战，秦军溃不成军。此役胜利后，项羽召见了各路援军的将领，他们纷纷俯首称臣。从此，项羽成为反秦势力的领袖。

进退之道

破釜沉舟策略，其核心在于切断所有退路，从而激发出人们的危机意识，进而激励他们奋发向前。这种策略通常是在面临重大挑战或危机时采用的一种极端应对措施。它的极端性体现在，通过将自己置于绝境之中，来激发团队的士气，促使大家团结一心，共同为生存而奋斗。这种“置于死地而后生”的做法，往往能为实现既定目标提供强大的动力。

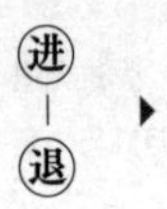

大丈夫必有四方之志

原文

丈夫须有远图，眼孔如轮，可怪处堂燕雀；豪杰宁无壮志，风棱似铁，不忧当道豺狼。

——《小窗幽记》

译文

大丈夫必须志向高远，眼睛大如车轮，并应惊异于那些整日在屋檐下躲避，尚不晓得祸患将要来临的燕雀的行为；真豪杰哪里会没有雄心壮志呢，必须让自己有铮铮铁骨，要八面威风，不忧心豺狼当道、奸佞之徒掌权得势。

典故趣读

岳飞，字鹏举，河北西路相州汤阴人。他出生在一个普通的农民家庭，自幼就非常喜欢兵法和弓弩。北宋末年，岳飞离开父母，积极响应朝廷号召加入了军队，奔赴前线去参加讨伐辽国的战争。

至南宋初期，岳飞成为河北招抚司的下级将校，跟随着当时的将军王彦渡过黄河，去往黄河以北地区抗击金军。后来，岳飞离开了王彦，投靠了当时留守在东京的著名将领宗泽，并且在宗泽的领导下参加了开封保卫战。岳飞作战勇猛，才智过人，很受宗泽的器重。

宗泽去世后，岳飞跟随着抗金大军继续南下作战，陆续在广德等地抗击金军。在这一阶段的抗金战争中，岳飞多次建立功勋。

绍兴二年（1132），刚满三十岁的岳飞成为统领守卫长江中游地区的军队主帅。绍兴四年（1134），岳飞领命率军北上作战。大军一路上从鄂州行军到襄阳，向驻守在襄阳的伪齐政权的守军发起了猛烈的进攻，只用了三个月就先后收复襄阳、郢州、随州、邓州、唐州、信阳郡等六郡之地。

凭借这场战争的胜利，岳飞被破格提拔为节度使，与当时的韩世忠、张俊、刘光世并称为南宋的四大将帅。岳飞所率领的“岳家军”也由于纪律严明、战功显赫，深受南宋老百姓的拥戴，可谓是南宋时期抗金战争的中流砥柱。

岳飞一生中始终有一个愿望，那就是收复中原地区。在岳飞的整个抗金生涯中，最为人们所称颂的就是他从金军手中收复建康，以及在郾城大败金军。

建炎三年（1129）秋天，金军分成多路同时向南进发，其中完颜挞懒率领军队攻入淮南地区，完颜宗弼（别名金兀术）率领军队攻向江南地区，他们妄图借助这一战彻底消灭南宋，侵占宋朝的领土。

到了十一月月初时，金兀术已经占领了长江北岸的和县，沿着长江北岸继续向东进军，最终与李成会合，一起攻打乌江。此时的战场，距离建康已不足百里，形势十分危急。当时的守城官员杜充虽然向朝廷上报，建议用石头坚守城池，可仍然未能做好万全的准备。直到金军渡过长江的消息传来后，杜充才命令都统制陈淬带领着岳飞、戚方等将领率领二万军队前往马家渡阻挡金军，另派了王燮率领一万三千军队负责接应。

陈淬率军苦战多日，岳飞率领着右军抵抗着金国汉军万夫长，而王燮却没有任何抗金举动便落荒而逃。最终，陈淬力战数日后被杀，手下的将士四散奔逃。

岳飞苦战多日却没有任何援军，迫不得已只能退守到建康城东北方向的钟山上。听到前线战败的消息，杜充也不再固守建康城，直接逃往真州，不久后向金国投降。

攻陷建康府后，完颜兀术继续进军，接连攻下溧水、广德、安吉、湖州，直取杭州。而退守的岳飞却一直坚持，仍然率领着将士们在敌人的后方作战，伺机给予痛击。当时，士兵们士气低落，甚至有逃兵出现。

岳飞把他们召集起来，慷慨激昂地向他们讲了精忠报国的道理。士兵们听后，都深受感动，纷纷表示愿意跟随岳飞继续同金军作战。在作战过程中，岳飞又陆续收服了由于政局混乱而在各地作乱的多支部队，以及被金军强行征召入伍的签军。而金兀术在攻陷建康府后，亲自率领主力军队继续追杀逃亡的宋高宗。

宋高宗一路从越州逃向明州，然后从明州乘船逃到了海上，这才没有被金军抓获。恼羞成怒之下，金兀术假称已经到处都搜查结束了，就纵容手下的金兵烧杀抢掠，洗劫了明州、临安等城池，最后，金军带着抢到的金银财宝撤走了。

金军经过常州的时候，遇到了岳飞的阻截。在随后进行的四场战役中，岳飞都大获全胜，并抓到了女真族的万户少主孛堇等十一人。经过常州阻击战之后，朝廷终于想到了岳飞这员大将，于是令他配合镇守镇江的韩世忠向金军发动进攻。

金军被困于黄天荡，与韩世忠所率军队相持了四十多天后，才利用奸细重新进入长江。之后，岳飞在建康城向南三十里的清水亭击败金军，杀得金兵心惊胆战，尸体延绵至十五里。五月初，岳飞的军队驻扎在建康城南面的牛头山，夜里，岳飞组织了一支上百人的敢死队攻击金军，金军伤亡惨重。

面对这种情况，金兀术打算放弃建康城。于是，金军在建康城中进行大肆破坏，接着打算从建康西北方向的靖安镇渡江撤到北岸的宣化镇。岳飞收到消息后，亲率三百骑兵和二千步兵直接冲下牛头山，打得守城金军毫无招架之力，重新占领了建康城。

此后，岳飞屡战屡胜，一次次击溃金军。绍兴十年（1140）七月，金兀术又一次遇到了岳家军。金兀术亲自带兵在郾城与岳家军作战。岳飞让他的儿子岳云带领着轻骑部队多次冲入敌军阵营，杀得金军人仰马翻。后来，金军派出了王牌军队重铠骑兵“铁浮屠”进行正面对抗，并且用骑兵作为战阵的左右翼，使用这种号称“拐子马”的战阵来对抗岳家军。

岳飞派遣手下的背嵬亲军和游奕军进行迎战，并让步兵手持麻扎刀、大斧，一边砍杀敌兵，一边砍伤马腿，令金军的重骑兵完全不能发挥作用。双方军队杀得天昏地暗，最终，金军大败，岳家军活捉了金兀术。由此，金军纷纷感叹“撼山易，撼岳家军难”。

面对宋军的胜利，一心求和的宋高宗放弃了收复河山的大好机会，居然接受了金国的议和。作为议和的条件，宋高宗听信秦桧的谗言，解除了岳飞、韩世忠等抗金将领的兵权。充满野心的金兀术及时把握住机会，用重金贿赂秦桧，最终将岳飞父子及其部将张宪以谋反的罪名抓进了监狱。

“绍兴和议”签订后，宋高宗更加觉得岳飞等人一无是处，于是授意秦桧，伙同王氏、万俟卨和张俊等一众奸人迫害岳飞。最终，在绍兴十一年（1141）十二月二十九日，岳飞父子及张宪被以“莫须有”的罪名杀害。

进退之道

鬼谷子有言：“小人谋身，君子谋国，大丈夫谋天下。”这句话告诉我们，一个人的格局决定了他的高度。如果只关注个人的得失，那么格局就小了；若能将目光投向国家与民族的未来，那么格局就大了；而真正的大丈夫，他们的眼光则更加远大，他们心系天下，愿意为整个人类的福祉而努力奋斗。

在这个充满挑战与机遇的时代，我们应当铭记古人的智慧，心怀壮志，不惧身死。我们要敢于追梦，敢于挑战自我，不断超越自己的极限。只有这样，我们才能在时代的洪流中立足，成为真正的大丈夫，为社会的进步与发展贡献自己的力量。

人生进击，当知行合一

原文

知是行的主意，行是知的功夫；知是行之始，行是知之成。

——《传习录》

译文

知是行的主导，行是知的实践；知是行的起始，行是知的完成。

典故趣读

王阳明，本名王云，浙江余姚人士。因贬谪贵州时，曾寄居阳明洞，自号阳明子，世称阳明先生。他不仅是明朝时期杰出的思想家、文学家，还是军事家、教育家、心学之集大成者。

王阳明一生致力于知行合一的实践，于人生曲折中，内修心而外修身，历经格竹之败、科举失意、廷杖之痛、远谪贵州之苦。这些磨难皆化作了他成长的养分，最终，他文以立学传世，武能平叛镇乱，成为一代大儒。

正德十一年（1516），王阳明受任南赣巡抚，肩负平定江西、福建、广东接壤地区流民动乱的重任。此前，此地的“山贼”虽屡遭镇压，但声势不减反增。

王阳明上任后，果断推行了一系列措施：清除内奸，实行连坐之法；训练民兵，筹备军需。他亲率兵马，出其不意，声东击西，剿抚并施，迅速平息了动乱，成功平定了“山中贼”。

然而，王阳明深知，“破山中贼易，破心中贼难”。为了从根本上解决流民为贼的问题，他在南赣地区推行“十家牌法”，制定乡约，兴办社学，进行教化，以维护社会秩序，保境安民。后世的曾国藩盛赞王阳明：“矫正旧风，开创新风，其功不在禹下。”

正德十四年（1519），南昌的宁王反叛，率兵攻陷九江、南康，逼近安庆，意图顺长江东下，攻占南京。当时，王阳明正路过江西丰城，闻讯后，他立即调兵遣将，亲自率领精锐军队突袭南昌，切断宁王的后路。当宁王回师救援时，已无力回天，败于王阳明之手。此役，王阳明仅用三十五天便平定了叛乱。

有人曾向王阳明请教用兵之道，他淡然回应：“哪里有什么技巧，只是专心做学问，保持此心不动。若真要说技巧，那此心不动便是唯一的技巧。众人的智慧相差无几，胜负之决在于此心动与不动。”因为心不动则能冷静，冷静则能沉着，沉着才能在危机中正常甚至超常发挥。

嘉靖六年（1527）五月，王阳明受命镇压思恩、田州等地的叛乱，翌年秋天即告平定。然而，随后他的肺病加剧，上疏请求退休，最终病逝于江西南安青龙浦舟中，享年五十七岁。临终之际，弟子问他有何遗言，他微笑道：“此心光明，亦复何言！”对他来说，俗世纷扰皆如过眼云烟，功名利禄不过是身外之物，心底的光明足以使他穿越一切黑暗，温暖他一生艰辛而光辉的旅程。

纵观王阳明的一生，他真正做到了内心如镜，明亮清澈，处变不惊，泰然自若。他不畏权贵，正风除弊，为民请命，匡扶社稷，亲身实践着他“亲民”“致良知”“知行合一”的理念，为后世树立了光辉的典范。

进退之道

“纸上得来终觉浅，绝知此事要躬行。”人非生而知之，要想成就事业，一是靠思考，二是靠实践。思考和实践互为因果，不经过思考而付诸的实践，就会成为无源之水、无本之木，不经过实践验证的认识，就会成为空中花园和乌托邦。因此，在生活中，我们一方面要积极思考和学习知识，另一方面也要注重实践，知行合一，这样才能在追求成功的道路上迈开更大的步伐。

知，是对事情各方面的了解和考虑，只有当人对一件事物有了充分的了解之后才能开始行动。行，则是将那些思考明白、了解清楚的事情付诸实践，这样才能有所成就。

有行无知，一个人就容易缺乏判断力和创新力，最终成为一架冰冷的机器；有知无行，一个人就会成为“语言的巨人、行动的侏儒”，即使掌握再多的知识也没有意义。只有在学中干、在干中学，做到学以致用、用以促学，才能在思考和实践的结合中有所长进。

攻而必取者，攻其所不守

原文

攻而必取者，攻其所不守也；守而必固者，守其所不攻也。故善攻者，敌不知其所守；善守者，敌不知其所攻。

——《孙子兵法》

译文

进攻一定能得手，因为攻击的是敌人不设防的地方；防守必然能牢固，因为防守着敌人不敢进攻或不能进攻的地方。所以善于进攻的，使敌人不知道如何防守；善于防守的，使敌人不知向哪里进攻。

典故趣读

三国时期，孙权应诸葛亮之约，出兵进攻曹操空虚的东部防线。合肥守将张辽向曹操告急，于是曹操尽撤西部大军，来救合肥，与孙权接战。

孙权为挫曹军锐气，决定趁其远道而来又立足未稳之际，率先进攻。部将凌统主动求战，带三千人奔向曹营，与曹军先锋大将张辽交锋，走马奋战五十多个回合，不分胜负。孙权恐怕凌统有闪失，让吕蒙接应他归回本阵。这一仗虽未分胜负，但对曹军也起了一定的震慑作用：吴将亦相当骁勇！

甘宁见凌统出了风头，就请求孙权，让他当天夜里只带一百名战士奔袭曹营："要是损失了一个人、一匹马，也不算成功！"

孙权赞赏他的勇气，就同意了。

甘宁作战前动员："今天夜里，咱们奉命偷袭魏营。请大家和我一起满饮一杯酒，然后努力向前！"

那一百名战士听到后，面面相觑。

甘宁见状，拔剑在手，怒喝："我作为大将，且不惜生命，你们还有什么迟疑的？"

战士们见甘宁变了脸，都起身行礼："愿出死力，与将同战。"

饱食之后，夜半三更时分，甘宁让每个士兵头盔上插一根白鹅翎，作为吴兵记号，然后披甲上马，大喊一声，杀入曹营。

夜黑，声杂，曹兵惊慌，辨不出对方来了多少兵马，结果奔跑进退之间，自相扰乱，十分狼狈。

甘宁趁乱率百名战士在曹营中纵横疾驰，碰到人就杀，又迅速从南营门杀出来，也没遇到什么阻拦。

曹操恐怕对方是故意引诱自己追赶，为防中吴军埋伏，也就没敢追击。

如此这般，甘宁偷袭成功，一百名战士没一个受伤。回到吴军军营时，他命令这一百人击鼓奏乐，欢呼"万岁"。孙权亲自出门迎接，赏赐众多。一时间，甘宁声名大振。

进退之道

对于当代人来说，甘宁的故事启示我们要善于识别和利用生活中的“不守”之处。在竞争激烈的现代社会，我们常常需要面对各种挑战和困难。如果我们能够像甘宁一样，敏锐地捕捉到对手的弱点或疏忽，抓住机遇，果断出击，那么我们就能够在竞争中脱颖而出，实现自己的目标。

同时，我们要保持警惕，不断加固自己的“所守”。在追求成功的过程中，我们不能忽视自身的防御和稳定。只有当我们足够强大，能够抵御外界的冲击和诱惑时，我们才能够守住自己的成果和信念，不至于在竞争中迷失方向。

勿让壮志消磨在声色犬马中

原文

英雄未转之雄图，假糟丘为霸业；风流不尽之余韵，托花谷为深山。

——《小窗幽记》

译文

英雄豪杰尚未实现宏图大志，就让自己沉溺在酒色之中而忘记了霸业；风流才子的才华得不到施展，于是在声色中流连忘返，消磨了斗志。

典故趣读

帝辛，他的本名叫作受德，帝号为辛王，在后世，人们称他为商纣王，他是商朝的最后一个统治者，把沫邑作为都城，并把都城的名字改成了朝歌。帝乙本来应该把王位传给大儿子子启的，但是帝乙认为子启生性残暴，没有资格当统治者，所以把王位传给了小儿子辛。

帝辛从小就聪敏过人。《荀子·非相篇》里面形容帝辛“长巨姣美，天下之杰也；筋力越劲，百人之敌也”，在《史记·殷本纪》也有类似的记载：“帝纣资辨捷疾，闻见甚敏。材力过人，手格猛兽。”

说的就是帝辛才智过人，身材修长，容貌出众，并且力大无穷，勇猛无比。

帝辛当上统治者后，经常接受辅佐大臣们的教育，深入了解了祖辈们立下的赫赫功业，熟读了历史上那些名臣贤相的诤言警语，下定决心励精图治，达到振兴国家、将祖辈的基业发扬光大的目的。他非常重视农桑，渐渐地，商朝的国力变得异常强盛。

面对着国内一派繁荣的景象，他没有故步自封，而是把眼光放向了国外，将东夷作为了攻打的目标。在帝辛登基第八年的时候，他决定亲自带领将士出征，打算彻底征服东夷人。当时正值金秋九月，朝歌城内，柿子树的叶子都变红了。正值壮年的纣王穿着盔甲，英姿飒爽，在大臣们的簇拥下，举行了隆重盛大的告庙典礼。随后在练兵的校场举行了祭旗仪式，正式向东夷出征了。

在帝辛的带领下，东征大军很快就出了淇水关，跨过了滔滔不息的淇水，又通过了滚滚北流的大河，朝着大道前进。在黎邑和各地诸侯派来的军队会合之后，帝辛率领着东征大军冲向了前线战场。在这一战中，东征大军作战勇猛，取得了巨大的胜利。

自此，东征大军所经过的地方，东夷的军队都被打得到处逃跑，闻风丧胆，不敢正面一战。这一场战争的胜利，帝辛最终彻底击垮了东夷向中原地带扩张的野心。尤其是他讨伐徐夷取得的胜利，把当时商朝的领土范围扩大到了现在的山东、安徽、江苏、浙江、福建沿海一带。

帝辛对东夷发动的战争，不仅扩大了领土势力范围，而且很好地保卫了商朝的国家安全，堪称豪杰。帝辛在统一了东南地区后，将当时中原先进的生产技术和文化向东南地区传播，大力推进社会进步和经济发展，极大地促进了各部族的融合，对后世的发展起到了不可磨灭的作用。正如郭沫若在一首诗里说的那样：“但缘东夷已克服，殷人南下集江湖。南方因之惭开化，国焉有宋荆与舒。”

他并不看重出身，只根据能力的高低来选拔人才。即使是他自己选择皇后、妃子，也不管出身贵贱。也正是因为这样，他将一个战俘立为了皇后，并对她十分宠爱，对她说的话都很听从。这个女子就是妲己，从此，也拉开了帝辛变为商纣王的序幕。

在帝辛在位的后期，他渐渐地忘记了最初的理想，被美酒佳人消磨了意志。他宠爱美女妲己，终日沉浸在歌舞升平的快乐里。为了寻欢作乐，他执意建造了鹿台，甚至造了一个装满美酒的大池子，在树上挂满了肉，过着穷奢极欲的生活，这就是有名的“酒池肉林”。

他大肆搜刮民脂民膏，粮食装满了巨桥（当时的大型粮仓），无数珍宝堆满了鹿台。再加上连续多年不断地进行征战，国内的兵力变得严重不足，国库也慢慢变得空虚了。老百姓的日子过得越来越艰难，怨声载道。纣王却采纳妲己的建议，用酷刑来镇压人心。

在朝堂上，帝辛变得刚愎自用，听信谗言，不肯听取大臣们的劝谏，甚至大肆残害贤良。他重用贪财好利、善于溜须拍马的费仲，提拔善于挑拨离间的恶来，反而用挖心酷刑杀害了他的皇叔比干，囚禁了他的皇叔箕子，贬斥了受人们拥护的贤人商容，渐渐地失去了人心。

在公元前1046年，周武王联合了其他的小国，在孟津集合所有的军队，对商朝发起了进攻，在牧野之战中，一举歼灭商朝大部分军队。最终，兵临城下，帝辛在鹿台上自焚身亡。商朝正式退出了历史舞台。

进退之道

壮志最易在声色犬马中被消磨殆尽，多少才子豪杰没能过得酒色关。“人能克己身无患，事不欺心睡自安”，潜心发展，克制自己的欲望才是正途。

欲成大事，当有一往无前之勇

原文

以战去战，虽战可也。

——《商君书》

译文

用战争制止战争，即使是进行战争，也是可以的。

典故趣读

1368年8月，明朝大将徐达和常遇春率军攻下元大都，元顺帝在夜幕的掩护下仓皇出逃，这标志着元朝的覆灭，而新的历史篇章正缓缓展开。然而，这场改朝换代的巨变并未立即平息所有的战火。在广袤的中原大地上，仍有一些元军残部在负隅顽抗。

明朝的军队在徐达和常遇春的带领下，继续挥师西进，矛头直指山西，意图彻底消灭盘踞在那里的元军残余势力。然而，战争的进程并非一帆风顺。明朝的另两名将领，冯宗异和汤和，带领精锐之师挺进山西，却遭遇了元朝太原守将扩廓帖木儿的顽强抵抗。扩廓帖木儿，这位元朝的忠诚捍卫者，不仅成功击退了明军的进攻，还敏锐地捕捉到了反击的机会。他亲率大军，穿越雁门关，长驱直入河北涿鹿，意图先夺居庸关，再图大都。

元军的反击引起了明军的震动。面对元军的凌厉攻势，明军内部出现了不同的声音。一些将领主张保守策略，建议退守大都以避敌锋芒。然而，徐达却不为所动。这位身经百战的将领深知战争的残酷与不确定性，但他也明白，退缩绝非解决之道。

于是，在详细分析了双方的军力对比和战略形势后，徐达果断地做出了决定：采取攻势对抗元军。他亲自挂帅，率领精锐之师直扑山西，目标直指太原。徐达的决心和勇气感染了全军将士，他们士气高昂地踏上了征途。

在一个月黑风高的夜晚，徐达率领的明军如神兵天降般出现在元军的营地外。他们利用夜色作为掩护，悄无声息地接近了元军的防线。随着徐达一声令下，明军发起了迅猛的夜袭。元军在睡梦中被惊醒，惊慌失措中根本无法组织起有效的抵抗。明军趁势掩杀过去，一时间元军大营火光冲天、人仰马翻。

扩廓帖木儿在混乱中惊慌失措地逃跑，他的逃跑进一步加剧了元军的混乱。徐达紧紧抓住这个机会指挥明军发起了总攻。在明军的猛烈攻势下，元军的防线迅速崩溃。徐达一鼓作气占领了太原城，为明朝的统一大业再添一笔辉煌的战绩。

这场夜间偷袭战充分展示了徐达的智勇双全和出色的指挥才能，也成为后世传颂的佳话。

进退之道

以攻制攻既是一种智勇双全的战术，也是一种极具风险的策略。若缺乏大无畏的勇气和机智应变的智慧，则难以成功实施。只有将这两者有机结合，我们才能有效地打压对手的士气，同时提振自己的斗志。

在面临挑战时，勇往直前、绝不退缩、拒不妥协，这些都展现了卓越的领导智慧。在这样的关键时刻，任何一丝犹豫都可能带来毁灭性的后果。唯有鼓起全部的勇气，以大无畏的精神勇往直前，奋力开辟道路，我们才能为自己赢得一线生机，杀出一条血路。

道义路上无炎凉，唯有勇往直前

原文

隐逸林中无荣辱，道义路上泯炎凉。

——《菜根谭》

译文

隐居山林的生活中，无荣华或耻辱可言。既然选择了道义之路，便也没有人情冷暖。

典故趣读

春秋前期，卫庄公有三个儿子：长子姬完、次子姬晋、三子州吁。其中州吁最受卫庄公的宠爱，养成了无法无天的暴戾性格，成为首都朝歌一大害。卫国的老臣石碏为人正直不屈，体恤百姓疾苦，多次劝卫庄公严加管束州吁。怎奈卫庄公不听，州吁则继续为非作歹，愈演愈烈。

石碏有个儿子名叫石厚，经常与州吁厮混在一起，石碏大为光火，用鞭子连打了他五十下，还将房门锁上，石厚却翻窗而逃，离家出走住在州吁府内，每天都跟州吁胡作非为，祸害百姓。

卫庄公死后，长子姬完继位，称卫桓公。石碏见新君懦弱无为，便回到故里不再参政，而州吁更加横行霸道了。

公元前719年，州吁听取石厚的计策，将卫桓公害死，成为卫国新国君。州吁、石厚为了立威于国人和邻国，便贿赂鲁、陈、蔡、宋等国，并派出大军去攻打郑国，劳民伤财。有民谣云："一雄毙，一雄兴，歌舞变刀兵，何时见太平？"

州吁见自己不得民心，非常担忧。石厚又出主意让州吁请自己的父亲石碏重回朝廷，州吁便派人带着厚礼前去请石碏。石碏却拒收礼物，还以重病在身为由回绝了邀请。石厚只好亲自回家去请父亲。

石碏早就想为民除害，杀了这个逆子，就对石厚说："新主即位，能见到周王，国人才会对新主顺服。陈国的国君陈桓公深得周王信赖，你应该和新主一道去陈国，请陈桓公为你们引见。"

石厚十分高兴，便和州吁备下厚礼，准备前往陈国。石碏则割破手指，写下血书一封，派人送到陈国。血书中写道："现在，我们卫国的百姓全生活在水深火热中，皆是州吁所为，但我逆子石厚助纣为虐。此二逆不可不诛，否则百姓民不聊生。我年事已高力不从心，二贼已赶往贵国，望贵国能助卫国除此大害，还百姓天下太平！"

陈国大夫子针与石碏是至交，看见血书后，奏明陈桓公。陈桓公命人将州吁、石厚捉住，准备斩杀此二人。有人奏道："石厚是石碏亲生儿子，应该慎重行事，让卫国亲自处理。"

石碏得知州吁和石厚已经被捉，便派人去邢国把姬晋接回来即位，史称卫宣公，又请众位大臣议事。众臣都说："州吁首恶应杀，石厚从犯可免。”

石碏说：“州吁作恶，都是我的不肖子石厚教唆，如果从轻发落他，就是我徇私情而置大义于不顾。”

石碏的家臣獳羊肩说：“国老不必发怒，我现在就去陈国办理此事。”

于是，獳羊肩便赶到陈国要处死石厚。石厚说：“我确实该死，请让我回卫国见父亲一面再死。”獳羊肩说：“我是奉你父亲的命令诛杀逆子，待我将你人头带回，自然就见到了。”然后便杀了石厚。

石碏选择大道，大义灭亲，被人们传颂至今。

进退之道

当我们无心追逐名利时，名利荣辱便不会成为我们的烦恼。选择了道义之路，就等于选择了世界上最难走的路，不再畏惧权势，也不再被人情冷暖左右，只有勇往直前。

势退谋进

策谋深远，因势利导定乾坤

在曲折退让中寻找转机

原文

曲则全，枉则直；洼则盈，敝则新；少则得，多则惑。

——《道德经》

译文

弯曲才会保全，屈枉才会直伸；低洼才会充盈，陈旧才会更新；少取才会获得，贪多才会迷惑。

典故趣读

战国末年，赵国北境常受匈奴侵扰，赵王便派遣名将李牧前往边境镇守。李牧到任后，一反常态，并不急于与匈奴交战，而是采取了一系列看似曲折实则高明的策略。

他先是加强边防工事，修筑堡垒，训练士卒，但不主动出击。每当匈奴来犯，李牧便命士卒退入堡垒，坚壁清野，不与匈奴正面交锋。匈奴虽屡次来犯，却未能占到便宜，反而因找不到赵军主力而疲惫不堪。

李牧的这一策略引起了赵国内部一些人的不满，认为他消极避战，有辱赵国威名。但李牧不为所动，他深知赵军与匈奴相比，骑兵力量不足，正面交锋胜算不大。他坚信，只有通过长时间的消耗和等待，才能找到匈奴的破绽，一举击溃之。

几年后，匈奴见李牧始终不战，渐渐放松了警惕。李牧趁机精选战车良马，训练了一支精锐的骑兵部队。同时，他又故意放出风声，称赵国内部空虚，引诱匈奴大举入侵。

匈奴首领闻讯，果然率领大军来犯。李牧早有准备，他命赵军佯装败退，诱敌深入。当匈奴大军深入赵境、疲惫不堪之时，李牧突然下令反击，赵军精锐骑兵如猛虎下山，一举击溃匈奴大军，俘虏匈奴单于，彻底解除了赵国的北境之忧。

赵王闻讯大喜，重赏李牧，并命其继续镇守边境。李牧的智谋和胆识，不仅为赵国赢得了边境的安宁，也赢得了后世的赞誉。

进退之道

“曲则全，枉则直”强调了在曲折中寻找转机的重要性。李牧的退让并非真正的软弱，而是一种策略，通过退让来迷惑敌人，使其放松警惕，从而为之后的反击创造条件。这告诉我们，在面对挑战时，不应急于求成，而应学会退让和忍耐，通过迂回和积累，寻找最佳时机，实现最终的成功。同时，我们也认识到，在资源有限的情况下，应集中精力，精准发力，以达到最优效果。这些智慧对于我们在个人发展、职业规划乃至国家治理等方面都具有重要的指导意义。

忧先于事，故能无忧

原文

忧先于事，故能无忧；事至而忧，无救于事。

——《围炉夜话》

译文

如果在做事之前有所顾虑，做事的过程中就不会引发错误；如果是事到临头才想起来，恐怕早就为时已晚。

典故趣读

周公在成王继位后，兢兢业业辅佐少年天子，自己以摄政王的身份，帮助成王共同管理国家政务。

周公虽然尽忠职守，可是他的摄政却引来了其他人的不满，商朝的一些复辟分子也趁机在朝廷中挑拨离间，想在其叔侄不和的时候起兵叛乱，恢复殷商王朝的统治。

周公胸有成竹，为了暂时避开敌人的耳目，便请求成王暂时离开京城，自己却在暗处派人大范围地搜查谣言的来源。很快，周公得到了答案，谣言的始作俑者，正是商朝的旧臣武庚，于是他对皇帝进献一首诗《鸱鸮》：“鸱鸮啊鸱鸮，你夺走了我的孩子，不要再毁掉我的窝！趁着天未下雨，我要剥下桑根的皮修补好门窗，我的手已发麻，嘴已磨损，羽毛也将落尽，可是我的窝还在风雨中飘摇！”起初，成王仍然不能理解，但随着国势的渐次紧张，成王才知道周公的良苦用心，于是又将周公接回了镐京。

周公回到镐京后，很快组织军队，将武庚的叛乱轻松压制。

周公虽然忠诚，但并不一味地愚忠，而是能够审时度势，未雨绸缪，将自己的睿智和忠诚表现在关键的地方，成就了辅政忠臣的美名。

进退之道

有时候，问题突如其来，让我们措手不及。然而，如果我们能够像周公那样，预见可能出现的问题，并提前做好准备，那么当问题真正来临时，我们就能够从容应对，化被动为主动。同时，这种预先忧虑的态度也能够帮助我们避免陷入无谓的焦虑和恐慌中。当我们对未来有所准备、有所规划时，我们的内心就会更加平静和坚定，能够更好地应对生活中的各种变化。

若能捭阖有度，必能进退自如

原文

捭阖者，道之大化，说之变也。必豫审其变化，吉凶大命系焉。口者，心之门户也；心者，神之主也。志意、喜欲、思虑、智谋，皆由门户出入。故关之以捭阖，制之以出入。捭之者，开也，言也，阳也；阖之者，闭也，默也，阴也。

——《鬼谷子》

译文

开放和封闭是万事万物运行的规律，也是游说活动的法则。人们必须首先慎重地考察万事万物的变化。口是心灵的门户，心是精神的主宰。人的志向意愿、爱好欲望、思维活动和智慧计谋都要通过这个门户来表达。因此，要用开放和封闭的方法来把守这个关口，以控制思想情感的表达。所谓“捭之”，就是开启、发言、公开的意思；所谓“阖之”，就是封闭、缄默、隐匿的意思。

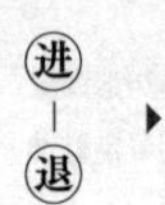

典故趣读

唐太宗是一个善于听取臣僚意见的开明皇帝，可是到了晚年，他看到天下一派太平景象，渐渐生出骄傲情绪，身为谏议大夫的魏征很想找个机会对太宗指出这个问题。

一天，唐太宗为皇孙诞生宴请群臣。席间，太宗高兴地说："贞观之前，随我夺取天下的是房玄龄；贞观以来，帮我纠正各种谬误的是魏征。"于是命人取来两把漂亮的佩刀，赐给房玄龄和魏征。

房玄龄爽快地接了过去，魏征却显得心事重重的样子，说："臣实受之有愧！"

太宗很奇怪，问道："此话怎讲？"

魏征说："近些年来，政事已不大如贞观之初，说明我并没有尽到纠正各种谬误之责，所以受之有愧！"

太宗非常诧异，又问："难道我的政事不如过去吗？"

魏征见皇上这么发问，便说："陛下权威比贞观初年是高了，但人心悦服则不如过去。"

太宗不解地问："何以见得呢？"

魏征答道："陛下过去总担心国家，所以政绩越来越好；现在则以为治好了，心安理得，所以说不如过去。"

太宗说："我现在所做的，还是过去那一些，你怎么说不同了呢？"

魏征回答："贞观初年，陛下唯恐群臣不提意见，常鼓励大家，遇到有人进谏，能愉快地接受；这一两年来，虽然接受一些意见，可是心里总觉得不舒服。"

太宗听了有些吃惊，忙问："你有什么根据吗？"

魏征顺势说："陛下刚即位的时候，判元律师死罪。大臣孙伏伽进谏，认为按照法律不应该判处他死刑。陛下接受了意见，并把价值百万钱的兰陵公主的园子赏给他。有人说赏得太厚了，您却说：'即位以来，还没有人向我提过意见，孙伏伽是第一个，所以得奖赏他。'这是您主动引导人们进谏。"

魏征见唐太宗并没有不高兴，就接着说："前不久皇甫德参上书，说修洛阳宫是劳民伤财，收地租是严重地剥削老百姓，妇女流行高髻是宫中传出来的奢靡之风。陛下却狠狠地说：'这人是想要国家不役使一个人，不收取一文钱，宫女都没有头发，才心满意足呢！'并想以诽谤罪惩办皇甫德参，只是因为臣当时苦苦劝说：'自古臣子上书，若不激烈直率，就引不起君主的注意，而激烈直率就近于毁谤。'陛下才没有治罪于皇甫德参，这就是勉强接受意见了。"

唐太宗因为喜得孙儿，兴致非常好，所以听了魏征的长篇大论之后，不但没有恼怒，反而拍掌大笑说："我要把你刚才所说的抄录在屋中的屏风上，早晚阅读，提醒自己，并要史官写入历史中。"

魏征批评唐太宗，是趁唐太宗高兴和发问的时候，这是使皇帝接受劝谏的最佳时机。他抓住这个机会，大胆地向皇帝进谏，使皇帝欣然接受了他的谏言。

进退之道

一代名臣魏征的精明之处，不仅在于看待国家大事时鞭辟入里的见解，更加值得世人学习的是，他通过分析唐太宗的心情，用"闭"

的方法引起唐太宗的发问，进而进谏，使得唐太宗欣然地接受了自己的意见。

谈判之术，讲究通过分析对方的嗜好和欲望，来考察对方的有无与虚实，揭示对方的志向和意愿。了解对方的情况后，有两种处理方法：一是闭藏自己，不让对方察觉自己的真正用意，然后开启自己的思路，从中获得自己需要或有利的信息。假如要闭藏，最重要的是严守机密。闭藏是为了更好地了解对方的实力和想法，以争取和寻找最佳的合作方案。二是开启自己，让对方知道自己的真实用意。假如要开启，最重要的是考虑周详。通过双方的碰撞与交流，让计划更为周详、科学、合理，进而达成双方的共识，维护各自的利益。

不飞则已，一飞冲天

原文

伏久者飞必高，开先者谢独早。知此，可以免蹭蹬之忧，可以消躁急之念。

——《菜根谭》

译文

隐伏很久的鸟，飞起来会飞得很高；开得早的花，也必然谢得快。人只要能明白这个道理，就可以免除怀才不遇的忧虑，也可以消解急于求取功名利禄的念头。

典故趣读

公元前613年，楚穆王辞世，其子继位，是为楚庄王。然而，楚庄王初登大宝，却对朝政置若罔闻，终日耽于游猎、声色犬马之中。眼见君王如此，群臣忧虑不已，纷纷入宫苦劝。岂料楚庄王不但充耳不闻，竟下令："再有进谏者，杀无赦！"自此，楚庄王日夜淫乐，竟达三年之久。其间，权臣斗克与公子燮图谋不轨，叛乱失败后

竟劫持楚庄王逃逸，幸得大将戢黎及时诛杀二人，救回君王。然经此一变，楚庄王依旧我行我素，毫无悔改之意。

有一日，忠臣伍举忍无可忍，斗胆闯入王宫。恰逢楚庄王怀抱佳人，沉醉于丝竹之声，见伍举闯入，便戏言问道："大夫来此，是欲听佳人妙曲，还是欲饮美酒？"伍举机智地笑道："臣既无意饮酒，亦无心听曲，乃有一谜，欲请大王猜之。"接着说："有一只大鸟，栖于楚国高山之巅，身披五彩华羽，形态极其艳丽。然此鸟三年不飞，亦不鸣叫，不知是何缘由？"

楚庄王闻言，心中了然伍举之意，遂笑而不怒，颇有深意地道："此鸟非比寻常。三年不飞，乃在观察风向；三年不鸣，乃在养精蓄锐。此鸟不飞则已，一飞冲天；不鸣则已，一鸣惊人。卿且退下，吾已知卿之意。"

经楚庄王此言，伍举心中释然，始知楚庄王并非沉溺酒色之徒，实乃韬光养晦之君。忆及楚穆王时，楚国对外征战频繁，引起周边国家之不安，中原强国如秦、晋、齐等对楚国严加防范。国内朝政亦不稳定，若敖氏专权，群臣良莠不齐。楚庄王此举，意在使群臣显露本性，同时麻痹周边强敌。想到此处，伍举豁然开朗。

楚庄王韬光养晦三年，对朝中群臣之品行已了如指掌，境外敌国亦不再视楚国为威胁。此时，大鸟振翅欲飞。楚庄王清除了一批阿谀奉承、无才无德之官员，提拔了一批忠诚能干之将臣，整顿朝纲，大刀阔斧。

这三年间，楚庄王虽耽于声色，然其心智未尝稍懈，时刻观察思考。楚庄王既是头脑清醒、为政清明之政治家，也是视野开阔、深谋远虑之军事家，更是一位以民为本、爱惜民力之君主。在位期间，凭其高明策略与智谋，终将楚国推向春秋之巅峰，位列“春秋五霸”。

进退之道

韬光养晦，是一种精神与境界，也是一种智慧与修炼。为人处世之时，有时故意自贬以惑人，抓住对方之心病，有的放矢地消除其顾虑，反而能全身而退，赢得更广阔的发展空间。韬光养晦有助于隐藏自己，避开众人之目光，摆脱繁杂俗务，回归宁静之地。此等境地，有助于修身养性、恢复精力。待再次投身工作时，便能以充沛之智慧与精力应对挑战。

收起锋芒，平和处世

原文

人之短处，要曲为弥缝，如暴而扬之，是以短攻短；人有顽的，要善为化诲，如忿而嫉之，是以顽济顽。

——《菜根谭》

译文

别人有缺点过失，要婉转地为他掩饰或规劝他，假如去揭发传播，是在证明自己的无知和缺德，是用自己的短处来攻击别人的短处；发现某人个性比较愚蠢固执时，就要很有耐心地诱导启发，假如生气厌恶，不仅无法改变他的固执，同时也证明了自己的愚蠢固执，就像是用愚蠢救助愚蠢。

典故趣读

在东汉时期，颍川郡的太守寇恂是个处事周到、能够顾全大局的人。对于那些棘手的问题，他总能处理得恰到好处。

有一回，执金吾贾复从京城洛阳前往汝南郡。不幸的是，他手下的一个亲信借着他的权势胡作非为，在颍川郡犯下了杀人罪。寇恂得知此事后，立即派人将罪犯逮捕，并在经过严密的审问后，将其在街头公开处决。贾复得知这件事后，觉得寇恂是故意让他难堪，愤怒地骂道："这寇恂太过分了，打狗还得看主人呢！我绝不会放过他！"

后来，贾复办完事准备返回，途经颍川郡时，他扬言要教训寇恂。寇恂得知贾复仍心怀不满，为了避免不必要的冲突，他决定暂时避开锋芒。他手下的一个官员提议道："您难道还怕贾复吗？如果需要，我可以带着剑陪在您身边，保护您的安全。"寇恂听后笑了笑，深情地说："蔺相如是个有勇有谋的人，连秦王都畏惧他。但当廉颇要与他争斗时，他却选择了退让。蔺相如能做到的事，我寇恂难道做不到吗？"

贾复作为从京城来的高官，路过颍川郡时，太守若完全避而不见，确实说不过去。寇恂经过一番思量，决定以和平的方式来化解这场纷争。他命令手下准备了丰盛的酒菜，打算以此来款待贾复及其随从，以此平息他们的怒火。

当贾复一行人抵达颍川郡时，受到了郡里官员们的热情款待。酒足饭饱之后，寇恂才姗姗来迟，向贾复表示了简单的欢迎。之后，他便以身体不适为由，匆匆离去了。面对寇恂的这番举动，贾复心中的怒火渐渐平息了。他原本打算来此大闹一场，以泄心头之恨。但受到了如此盛情的款待之后，他实在找不到发火的理由了，只能将心中的不满咽回肚子里。

寇恂在面对他人的不满和怨恨时，没有选择争吵或斗争的方式来解决问题，更没有竭力去解释自己的清白。相反地，他以平和、宽容的态度来应对这一切。这种做法不仅成功地化解了双方的矛盾，还维护了彼此之间的和气。寇恂的智慧由此可见一斑。

进退之道

面对那些锋芒毕露的人，我们应避免以怒制怒、针锋相对，以免引发不必要的冲突。如果一个人表现得过于出众或露骨，很可能会招来他人的嫉妒。在这种情况下，我们需要学会隐藏自己的锋芒，以更柔和、圆融的方式去处理问题。这样做或许能将大事化小，小事化了，让局势更加和谐稳定。

自恃己能，必遭其辱

原文

戒心之易忘，而骄心之易生。

——《栾城集·陆贽》

译文

警惕戒备之心很容易忘却，骄傲自满却很容易产生。

典故趣读

贺若弼，隋朝的一代名将，出身于显赫的武将世家。他的父亲贺若敦曾是北周时期威震四方的将领，但因口出怨言，遭到北周晋王宇文护的打压，最终被迫自杀。临死前，贺若敦对儿子贺若弼谆谆告诫："我因言语不慎而丧命，你要以此为戒。"他甚至用锥子刺破贺若弼的舌头，希望他能铭记这个深刻的教训。

隋朝建立后，隋文帝杨坚怀揣着统一中国的雄心壮志。他询问手下大臣："谁能担起镇守江淮的重任？"尚书左仆射高颎毫不犹豫地推荐了贺若弼。杨坚随即任命他为吴州总管，负责灭陈的准备工作。

贺若弼欣然接受了这个重任，并赋诗一首，表达了他的豪情壮志。

果然，在灭陈之战中，贺若弼立下赫赫战功。灭陈后，他不仅晋升自己为上柱国、晋爵宋国公，还使得家人也获得了显贵的地位。然而，随着地位的提升，贺若弼逐渐忘记了父亲的教诲，变得骄傲自满起来。他自视甚高，常常以宰相自居，对同僚们充满了不屑。

当时，杨素担任右仆射一职，而贺若弼只是一个将军。对此，贺若弼心生不满，常常在言语和神色中流露出对杨素的不满。隋文帝得知后，严厉质问贺若弼。贺若弼辩解称自己只是实话实说，但隋文帝并未因此原谅他。许多朝廷重臣都认为贺若弼怨愤过重，建议处以死刑。然而，隋文帝考虑到他的功劳，最终决定免除他的死罪，将他贬为平民。

一年后，隋文帝恢复了贺若弼的爵位，但并未再委任他官职。尽管如此，每次宴会时，隋文帝仍对他礼遇有加。然而，贺若弼并未因此收敛自己的锋芒。在一次宴会上，他作诗一首，诗中充满了怨恨之意。

早在隋炀帝杨广还是太子时，就曾询问贺若弼对杨素、韩擒虎、史万岁等将领的看法。贺若弼直言不讳地评价了他们的不足，并暗示自己才是最优秀的大将。这番话不仅伤了同僚们的感情，也让隋炀帝对他产生了戒心。最终，贺若弼因狂妄自大而触怒了隋炀帝，被处以极刑。

进退之道

在纷繁复杂的社会中，骄傲似乎成了许多人的通病。每当取得一些成就，或受到他人的赞誉，一些人便容易沾沾自喜，自视甚高，甚至狂妄自大。然而，真正的智慧并不在于炫耀自己的才华与功绩，而在于保持一颗谦逊的心。

谦虚并非软弱，而是一种清醒的自我认知。它让我们明白，每个人都有自己的长处和短处，只有不自大、不自满，才能不断进步。而那些“才”大不气粗、居功不自傲的人，往往更能赢得他人的尊重和信任，也更容易在人生的道路上开拓出更广阔的天地。

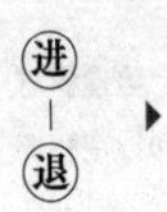

从细微之处发现进退之机

原文

天下大事，必作于细。

——《道德经》

译文

天下的大事，一定从微细的部分开始。

典故趣读

战国时期，齐国国君齐桓公胸怀宽广，不计前嫌，毅然任用了曾险些射杀他的管仲为宰相。管仲全身心投入国家治理，他推行法治、减税、开垦荒地、设立盐场等改革措施。在他的精心治理下，齐国国力迅速提升，百姓安居乐业。

齐桓公的豁达和用人不疑让他在诸侯中赢得了极高的声望，也让他产生了称霸中原的雄心。然而，卫国却自视甚高，多次违背齐国号令，齐桓公对此极为不满。为了迫使卫国臣服，他和管仲商议准备发起对卫国的战争。

在齐桓公的众多宫女中，他最宠爱的是卫姬。一天，当他退朝回到寝宫时，发现平日里总是笑容满面的卫姬愁眉紧锁，一见到他便跪地痛哭。齐桓公不解地问："你究竟有何不开心的事？快说出来，让我与你分担。"

卫姬哽咽道："陛下，我听说您要攻打卫国，我的家乡将再次遭受战火蹂躏。"齐桓公心中一颤，自己的军事机密向来保密，卫姬是如何得知的？他疑惑地问："你如何得知我要攻打卫国？"

卫姬回答道："陛下今日退朝时面带怒色，但一见到我便变得温和。您平时无所畏惧，但今日似乎对攻打卫国有所顾虑，所以我猜测您有此打算。"

齐桓公被卫姬的哀求所打动，决定放弃攻打卫国，但他又担心如何向管仲解释。第二天上朝时，管仲一见齐桓公便微笑着说："陛下不打算攻打卫国了吧？"

齐桓公惊讶地问："你怎么知道的？"管仲答道："今日上朝时，您让我先行并向我作揖，这与您往日的作风不同。我猜想您可能改变了主意，所以提前准备了劝服卫国的策略。"

齐桓公听后大喜，原来自己身边竟有如此聪明的人。卫姬能察言观色，管仲能洞察先机，他们的存在让齐桓公如虎添翼。

进退之道

细节在常人眼中或许微不足道，但对智者而言，却是解决难题的关键所在。智者之所以能够洞察世事，精准决策，正是因为他们注重细节，能够从中预见未来趋势。面临选择时，智者不会感情用事，而是冷静分析环境，权衡利弊，选出最佳方案。他们具备敏锐的洞察力，能够见微知著，不会因小失大。相反，忽视细节的人往往自以为是，难以改变。因此，想要成功的人必须学会从细微之处捕捉形势变化，及时应对。同时，也要摒弃守旧思维，灵活应变，不断前行。

在退让时蓄力，在进击时发力

原文

和气迎人，平情应物；抗心希古，藏器待时。

——《围炉夜话》

译文

用和气的态度与人交往，用平和的心情去应对事物；以古代贤人的高尚心志自相期许，同时隐藏自己的才能，等待合适的时机。

典故趣读

唐宣宗李忱是唐宪宗的第十三个儿子，唐朝的第十六位皇帝。尽管他的母亲郑氏出身并不显赫，李忱在童年时期更以懵懂无知著称，但他却赢得了宪宗的深厚宠爱，这同时也引来其他兄弟的嫉恨与排挤。

元和十五年（820），宪宗突然驾崩于宫中，皇位传至其三子李恒，即唐穆宗。穆宗在位仅四年便离世，随后的敬宗、文宗、武宗均是穆宗的血脉延续。

在穆宗至武宗的二十七年里，李忱身处于一个哥哥与三个侄子的严密监视之下，他的生活变得越发孤寂。他变得寡言少语，无论遇到何事都保持缄默，整日里面无表情，仿佛一尊静默的雕像。

某日，唐文宗在十六宅举办盛宴，酒酣耳热之际，文宗竟执意要求李忱开口发言，以此为乐。由于李忱曾被穆宗册封为光王，文宗便戏谑地称他为“光叔”。几位亲王更是肆无忌惮地跑到李忱面前，极尽戏弄与嘲笑之能事。然而，无论他们如何捉弄，李忱始终如一块木头般沉默不语，面无表情。最终，文宗看着那些无可奈何的亲王们，忍不住放声大笑。

武宗即位后，对李忱的戏弄更是变本加厉，甚至曾将他丢弃在皇宫的厕所中。然而，李忱却表现得如同什么都没发生过一般，泰然自若。久而久之，宫中众人皆将他视为缺乏心智的愚者。

会昌六年（846），武宗病势沉重，以马元贽为首的宦官集团开始密谋拥立一位易于控制的皇帝。经过反复权衡，他们认为已经三十六岁的李忱，因其沉默寡言的性格，是作为傀儡皇帝的绝佳人选。于是，他们拥立李忱为帝，这便是后来的唐宣宗。

宣宗即位后，迅速贬谪了宰相李德裕，从而终结了朝廷中的朋党之争。他大力压制宦官集团的势力，减轻百姓赋税负担，选拔贤能之士，使得日渐衰微的唐朝呈现出“中兴”的繁荣景象。直到此时，人们才恍然大悟，原来这位皇帝先前的沉默与寡言，不过是他“韬光养晦”的自保之策罢了。

进退之道

在人生和事业中，进退之道是一门必修课。有时候，我们需要暂时退让，以积蓄力量，等待时机；有时候，我们需要果断出击，抓住机遇，实现目标。只有善于把握进退之道，我们才能在复杂多变的世界中立于不败之地。

忍得一时之气，免得百日之忧

原文

莫之大祸，起于须臾之不忍，不可不谨。

——《围炉夜话》

译文

无论多大的灾祸，都是由一时不能忍耐导致的，所以凡事不可不谨慎。

典故趣读

春秋初年，郑武公离世后，太子顺利继位，他就是郑庄公。据说，郑庄公出生时脚先头后，差点让母亲武姜难产丧命，因此武姜对他心生厌恶，反倒偏爱他的弟弟共叔段。兄弟俩长大后，武姜多次向武公提议立共叔段为太子，但武公因遵循祖制，始终未允。这让武姜和共叔段一直心怀不满，武公一去世，他们便急不可耐地开始了夺权行动。

武姜先是仗着母亲的身份，要求庄公把军事要地制邑封给共叔段。庄公觉得不妥，没答应。武姜又转而要求把易守难攻的京城封给共叔段，庄公这次只好妥协。

共叔段一到京城，就开始大兴土木，加高城墙。这引起了大臣们的议论纷纷，负责礼制的大臣更是直言不讳地对庄公说："城墙的高度，先王都有明文规定。现在共叔段如此做法，您得赶紧制止，不然后果不堪设想。"庄公心里明镜似的，但他有自己的打算，只是淡淡地说："这是我母亲的意思，我能怎么办呢？"

见庄公没动静，共叔段更加肆无忌惮，不仅控制了西部和北部的军队，还私自占领周边城邑作为自己的领地。这一举动让郑国将士们十分不满。大将公子吕劝庄公早点动手，免得军队被共叔段掌控。但庄公依旧不紧不慢地说："别急，他做多了不仁不义的事，自然会自取灭亡。"

共叔段见哥哥还不动手，更加猖狂，开始大量囤积粮草，扩充军队，还暗中准备攻打庄公的国都，甚至联合了母亲作为内应。这下，全国上下都愤怒了。

庄公得知共叔段的起兵日期后，果断地说："时机到了！"于是立刻派公子吕率领战车攻打京城。京城军民纷纷倒戈相向，共叔段措手不及，只好撤退到鄢城。庄公又派大将追击到鄢城，共叔段最终被迫逃亡国外，不久就被逼自杀了。

对付一般敌人，只要实力不弱，都好办。但郑庄公的敌人却是他的生母和胞弟，这让他陷入了两难的境地。那该如何应对呢？

郑庄公的高明之处在于他能忍善藏。当母亲姜氏和胞弟共叔段联手给他制造麻烦时，他能保持冷静，不轻易发作。共叔段想要好地方，他就顺水推舟封给他；共叔段贪心不足，大修城墙，图谋不轨，他也能克制住自己，装出一副不在乎的样子，隐藏起自己的真实意图。这样一来，共叔段误以为庄公懦弱无能，于是步步紧逼。

这样，一方面让共叔段低估了庄公的实力，放松了警惕；另一方面也让他逐步暴露了自己的弱点和罪行。这样，庄公既能一举置对手于死地，又不会背上不孝不悌不仁的骂名，反而赢得了大义灭亲的美誉。

能忍善藏之后，关键是要抓住最佳时机，果断出手。一旦时机成熟，就要以迅雷不及掩耳之势给予对手致命一击，让他再无翻身的机会。

郑庄公在对待胞弟逼宫问题上的隐忍，并不是单纯的退让，而是韬光养晦，不愿过早与对手摊牌。如果过早动手，即使抓住了胞弟，也不能轻易处死他，反而会留下无穷后患。所以，郑庄公在确定了最佳时机后，果断出手，一举铲除了内乱的祸根。

进退之道

成大事者，不拘泥于细枝末节，更擅长于忍耐与妥协。他们并不急于追求短暂的胜利，因为他们深知时机的重要性。当机会尚未成熟时，他们会保持冷静，不急不躁；而一旦时机到来，他们便能以雷霆万钧之势，将对手彻底击败。这种策略，既是一种处世的智慧，也是一种生存的哲学。

人生路上，总有许多事物无法强求。时机未到，即便我们再有勇气、斗志，也终究难以取得理想的结果。因此，与其锋芒毕露，硬碰硬争，不如学会收敛锋芒，积蓄内在的力量。只有如此，我们才能在最佳时机到来时，一举成功，实现自己的目标。

这种忍耐与等待，并非消极的逃避，而是一种积极的准备。它让我们在逆境中保持冷静，在困境中寻求突破。当我们学会用这样的心态去面对人生，我们就能更好地把握机遇，迎接挑战，最终实现自己的远大抱负。

佯退实进

忍辱图强，弱势者终能成赢家

真正的忍者，必在磨难中砥砺前行

原文

得忍且忍，得耐且耐。不忍不耐，小事成大。

——《增广贤文》

译文

能忍得下就要忍下，能耐得住就要耐住。不忍下不耐住，小事也会变成大事。

典故趣读

汉初的杰出将领韩信，年轻时家境贫寒，他既不擅长阿谀奉承以求取官职，也不善于投机取巧以经商谋利，而是整天埋首于兵书的研读之中，以至于有时连基本的温饱都难以维持。为了生存，他只能背起祖传的宝剑，沿街乞讨度日。

当时，有一位财势显赫的屠夫，对韩信的寒酸书生形象颇为不屑，故意在众目睽睽之下羞辱他道：“你虽身材魁梧，佩带宝剑，但实则不过是个胆小鬼。若你有胆，便一剑刺向我；若你畏惧，便从我胯下钻过。”说罢，他双腿张开，摆出一副挑衅的架势。

围观的人群纷纷聚拢过来，都想看看韩信会如何应对这场羞辱。然而，韩信却冷静地打量着屠夫，出人意料地弯下腰，从屠夫的胯下钻了过去。街上的人们顿时哄笑起来，纷纷嘲笑韩信是个胆小鬼。但韩信却选择了忍气吞声，继续闭门苦读。

几年后，各地纷纷爆发反抗秦王朝统治的起义，韩信闻讯而起，毅然投身军旅，仗剑从军。他忍受了胯下之辱，却志在成就盖世功业，成为流传千古的佳话。若他当初为了一时之气，刺死那个羞辱他的屠夫，按照法律，他或许将付出生命的代价，这无疑是以一个盖世将才的性命去抵偿一个无知狂徒的过错。韩信深知此理，他选择了忍辱负重，不愿因一时之愤而毁弃自己长远的前程。

进退之道

人生在世，难免会遇到坎坷与困境，或许被羞辱，或许被误解，自尊心会受到严峻的考验。面对这样的局面，我们通常有两条路可选：一是以牙还牙，坚决捍卫自己的尊严；二是暂时退让，用忍耐来换取内心的安宁。然而，无数事实告诉我们，那些能够在关键时刻忍受一时屈辱的人，才是真正的强者。忍，并非消极退缩，而是为了顾全大局、维护长远利益，将外界强加于我们的痛苦深藏在心底，选择不予还击，以期达到平息纷争、恢复和谐的目的。真正的忍者，是在风雨中坚守，是在磨难中砥砺前行，他们的内心强大而坚韧，能够在逆境中焕发出更加耀眼的光芒。

以迂为直，争取先制之利

原文

故兵以诈立，以利动，以分合为变者也。故其疾如风，其徐如林，侵掠如火，不动如山，难知如阴，动如雷震，掠乡分众，廓地分利，悬权而动。先知迂直之计者胜，此军争之法也。

——《孙子兵法》

译文

用兵靠诡诈立威，依利益行动，把分散与集中作为变化手段。部队快速行动起来犹如疾风，行动舒缓时犹如森林，攻击敌人时犹如烈火，防御时像山岳，隐蔽时像阴天，发起进攻有如迅雷猛击。掠夺敌乡，应分兵进行。开拓疆土，取得敌国丰富的资源，应衡量利害得失，然后相机行动。事先懂得以迂为直方法的才会胜利，这是争取先制之利的原则。

典故趣读

元朝末年，陈友谅占据江州后，将朱元璋视为心腹之患，于是率兵顺流而下，攻打朱元璋势力。

元顺帝至正二十年（1360），陈友谅先后攻占采石（今安徽省马鞍山市长江东岸）和太平（今安徽省当涂县），自立为帝，国号为汉。紧接着，他又率领“江海鳌”“混江龙”等巨舰，进逼朱元璋的根据地应天（今江苏南京）。

大兵压境，朱元璋的部下都有些紧张。因为陈友谅的水军是朱元璋的十倍，又善于水上作战。有些人竟主张撤退或投降。朱元璋听取了刘基的建议，决定诱敌深入，打伏击战。

朱元璋叫来康茂才，让他写一封诈降信给陈友谅。原来这康茂才是元朝降将，本是陈友谅的老友，朱元璋认为他是诈降的合适人选。

康茂才欣然答应，他说：“陈友谅不讲信义，杀了我的同乡好友徐寿辉，我正要报此大仇……”于是他修书一封，信上说“建议兵分三路进攻应天，茂才所部把守应天城外江东桥，愿为内应，打开城门，直捣帅府，活捉朱元璋……”康茂才派一名陈友谅熟识的老仆去送信，临行之际，康茂才再三叮嘱，以防露出破绽。

陈友谅读了康茂才的信，心中不免高兴起来。他想，自己大军一路势如破竹，谅他康茂才也不敢诈降。但他还是反复盘问老仆人，老仆应对如流，言辞恳切，陈友谅深信不疑。他当即对老仆人说：“我马上分兵三路取应天，到时以‘老康’为暗号，但不知茂才所守之桥是木桥还是石桥。”“是木桥。”老仆答道。

送走老仆人的第二天，陈友谅水陆并进。他亲率数百艘战船顺江而下，前哨到大胜港时，遭朱元璋手下将领阻击，无法登岸，又见新河航道狭窄，于是下令直奔江东桥，以便和康茂才里应外合。船到江东桥，陈友谅见是一座石桥，心中起疑。

原来，朱元璋为了防备康茂才的假投降变成真投降，已于当天夜里把木桥改造成石桥了。陈友谅急命部下高喊“老康”，喊了多时，竟无人答应，方知中计，急令陈友仁率水军冲向龙湾。几百艘战船聚集于龙湾水面，陈友谅下令一万精兵登陆修筑工事，企图水陆并进，强攻应天城。

此时，只见卢龙山顶上黄旗挥动，战鼓齐鸣，朱元璋的大将徐达、常遇春率军分别从左右杀来，修筑工事的一万精兵顿时被冲得大乱。尽管陈友谅大声呼喝，仍然制止不住，败军逃到江边，蜂拥登船。陈友谅急令开船，哪料正当退潮之际，近百条战船全部搁浅，徐达与常遇春乘势上船追杀，陈友谅溃不成军，只好跳进小船逃跑了。

进退之道

陈友谅以强大的兵力进逼朱元璋，看似气势如虹，实则过于冒进。他没有充分评估敌我双方的实力和态势，便急于求成，结果陷入了朱元璋的圈套。

这告诉我们，在人生的道路上，我们不能盲目冒进，而应该审时度势，量力而行。有时候，适当的退让和迂回，反而是为了更好地前进。

相比之下，朱元璋则表现出了高超的战术。他听取刘基的建议，决定诱敌深入，打伏击战。他知道，面对强大的敌人，硬碰硬并不是明智之举，而应该采取巧妙的策略，以退为进，以守为攻。

在这场较量中，康茂才的诈降信也起到了关键作用。他利用陈友谅的轻信和急躁，成功地诱使其深入敌境。这再次说明了“进退之

道”中“进”的智慧。有时候，为了更好地实现目标，我们需要采取一些迂回曲折的手段，甚至不惜暂时放弃一些利益。

最终，陈友谅因为过于冒进而一败涂地，而朱元璋则因为善于运用“进退之道”而取得了胜利。这告诉我们，在人生的旅途中，我们应该学会审时度势，灵活变通，既要敢于进取，又要善于退守。只有这样，我们才能在复杂多变的世界中立足，实现自己的人生价值。

忍辱图强，弱势者终成赢家

原文

善将者，其刚不可折，其柔不可卷，故以弱制强，以柔制刚。

——《将苑》

译文

一个好的将领，他的刚强是不会屈服的，他的柔软是不容易被卷曲或折服的。因此，他能够用看似弱小的力量去制约强大的对手，用柔和的方式去克制刚硬的敌人。

典故趣读

西汉初年，匈奴首领冒顿自立为王，威震草原，令邻邦东胡胆寒。东胡为遏制匈奴势力，频频挑衅，企图一举歼灭。

匈奴人生于西北草原，个个骁勇善战，骑马如飞。他们有一匹千里马，皮毛黑亮，无一根杂毛，曾为匈奴立下赫赫战功，被视为国之瑰宝。东胡得知此马，便派使者索要。面对东胡的无理要求，匈奴群臣愤慨，但冒顿决定忍痛割爱，将宝马赠予东胡。他深知，一时的忍

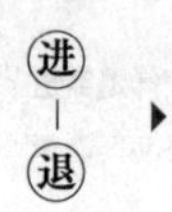

让是为了日后更大的胜利。

东胡得到宝马后，越发狂妄，竟又向冒顿索要其年轻貌美的妻子。匈奴群臣闻讯，愤怒至极，誓要与东胡决一死战。冒顿虽然心中屈辱，但他明白实力悬殊，硬拼只会自取灭亡。于是，他再次选择忍让，将妻子送给东胡王。同时，他召集群臣，分析形势，鼓励大家内修政治，外练兵马，以备日后复仇。

东胡王轻易得到宝马和美女，以为冒顿懦弱可欺，从此更加骄奢淫逸，不理朝政，实力日渐衰落。而匈奴在冒顿的精心治理下，政治清明，兵强马壮，实力大增。

东胡王越发嚣张，竟第三次派人向匈奴索要两邦交界处的千里土地。冒顿召集群臣商议对策，大臣们纷纷猜测他会再次忍让。然而，冒顿却怒不可遏，拍案而起，他痛斥东胡的贪婪与无礼，决定一举灭掉东胡，以雪前耻。他亲自率军出征，一举将毫无防备的东胡消灭。

冒顿将屈辱视为磨炼，将忍耐作为斗争策略。他通过曾经的耻辱激励群臣和百姓奋发图强，先壮大自己，再与敌人作战。他的智慧和耐心最终使他成功灭掉了东胡，成为一代雄主。

如果冒顿当初被夺马霸妻后，一味意气用事，凭弱小实力与东胡硬拼，很可能早已全军覆没。但他选择了忍辱负重，暗中积蓄力量，最终取得了胜利。这正是冒顿的高明之处，也是我们应该学习的地方。

进退之道

忍辱图强的策略，不仅是自然界中物竞天择、优胜劣汰的通用规律，更是人类社会谋生存、求发展、壮大自身的永恒智慧。它像是一把穿越时空的钥匙，帮助我们在修身、齐家、治国、平天下的道路上取得成就。

有句话说得好："人前显贵，背后受罪。"没有背后的忍耐与低调的历练，没有暗中的努力和等待，是不可能实现厚积薄发的。成功从来不是一蹴而就的，它需要我们付出艰辛的努力和耐心的等待。

在人生的道路上，有时我们可能会遇到强势的压迫，这时候，忍辱便成了我们发愤图强的内在动力。当面对冷遇或强势而无法立即反抗或回击时，不妨先收起自己的锋芒，韬光养晦，积蓄力量。这样，我们才能在未来的某个时刻，以更加成熟和强大的姿态，迎接更大的挑战，取得更大的进步。

进退之道，在于审时度势

原文

天何言哉？四时行焉，百物生焉，天何言哉？

——《论语》

译文

天又说过些什么？不过放纵四季周而复始，任由百物蓬勃生长。天又何曾告诉别人什么啊？

典故趣读

北魏节闵帝元恭，是孝文帝拓跋宏的侄子。孝明帝时，朝廷专权，肆行杀戮，元恭虽然担任常侍、给事黄门侍郎，但总担心有一天会大祸临头，于是装病不起，过了一段时间，又对外宣称得了喉疾，连话也说不出来了。从那时起，他就开始装哑巴，一装就装了将近十二年。

孝庄帝永安末年，有人告发元恭不能说话是假，心怀叵测是真，而且老百姓中间流传着他住的那个地方有天子之气。元恭听了这个消息，急忙逃到上洛躲起来，但没过几天就被抓获。不过，由于朝廷得不到什么证据，不得已又放了元恭。

北魏永安三年（530）十月，尔朱兆立长广王元晔为帝，杀了孝庄帝，那时，坐镇洛阳的尔朱世隆打算另立元恭为帝，但又担心他真的是哑巴。于是便派尔朱彦伯前去见元恭，摸清真实情况。事已至此，元恭也知道形势已发生了重大变化，见到尔朱彦伯开口便说："天何言哉！"十二年的哑巴说了话，彦伯大喜。不久，元恭即位当了皇帝。

进退之道

在朝廷专权、危机四伏的时期，元恭选择退避，装病装哑，避免了成为权臣的眼中钉，保住了性命。这种看似消极的退避，实则是一种智慧的选择，是对形势的深刻洞察和对自身安全的明智保护。

然而，退并不意味着永远的逃避。当形势发生变化，有机会展现自己时，元恭果断地选择进击。他不再装哑，而是勇敢地表达自己的意愿和想法，最终成功登基称帝。这种进退有度的智慧，使他在复杂多变的政治环境中立于不败之地。

人生也是如此，有时需要退让一步，以换取更大的发展空间；有时又需要果断前进，抓住机遇，实现自己的价值。进退之道，在于审时度势，明智选择。只有掌握了这种智慧，我们才能在人生的道路上走得更加稳健和成功。

隐忍不发，坚挺蓄势

原文

良贾深藏若虚，君子盛德，容貌若愚。

——《史记》

译文

善于经商的人，总是把财物隐藏得很深，看上去好像一无所有；道德高尚的人，总是保持谦虚和朴素的外表，看上去好像愚蠢笨拙。

典故趣读

高欢掌权长达十六年，直到其子高洋废黜孝静帝自立为帝，建立北齐。在此之前，政权一度掌握在高洋的哥哥高澄手中。

南北朝时期，东魏政权被权臣高欢掌控，皇帝形同虚设。高欢死后，长子高澄继任大丞相、都督中外诸军事，坐镇晋阳；次子高洋则被封为京畿大都督，在邺都辅佐朝政。

高澄凶横暴烈，狂傲不羁，处处锋芒毕露，总揽朝政，不可一世。高洋的表现与其兄高澄正好相反，他温文尔雅，愚钝憨直，讷口少言，对国家大事总是睁一只眼闭一只眼，得过且过。文武群臣素来看不起他。

高洋在兄长高澄面前也从来都是百依百顺。他为夫人购置的服饰，高澄看上了就据为己有，高洋却劝夫人不要气恼。自己的美妾多次被高澄调戏，他也佯装不知。高澄对自己的这个弟弟一点都瞧不上眼，曾经说："我的这个弟弟如果哪天能够富贵，那么预言吉凶贵贱的相面书就无法解释了。"

高洋退朝回家后，常常闭门静坐，对妻妾也说不了几句话。有时则脱光了鞋，光着脊梁在院子里奔跑不停。想不到就是这样一个高洋，在局势突变时却变成了另一个人，令人刮目相看。

高澄对皇帝元善见不满，赶到邺都与几个心腹密谋废立之事，却被家奴兰京聚众刺杀身亡。高洋得报后，神色不变，率兵赶至邺都，将兰京等凶手一一捕杀，对外则宣布大丞相只是在家奴造反时受了点伤，并向皇帝元善见请求护送高澄回晋阳养伤。元善见立即准行，心里暗喜，认为高澄既伤，而高洋难成大器，威权当复归帝室了。

高洋回晋阳后，当即召集群臣布置政事，推行新法，革除弊政。不到一年，晋阳治理得井井有条，欣欣向荣。

以往朝中大臣们对高洋颇为轻视，但当高洋展现出与往日截然不同的风采时，众人都被他的英明和才干所震惊，再也不敢小觑。

高洋见内外安定，这才宣布高澄去世，为其兄发丧。元善见认为他毫无野心，便晋封他为大丞相、都督中外诸军事，袭封齐王。

数月后，高洋率兵抵达邺都，逼元善见禅位。元善见闻知，惊得目瞪口呆，只好交出玉玺。

当时，西魏的大丞相宇文泰听闻高洋篡位，便以正义之名发兵进攻北齐。高洋亲自率军迎战，宇文泰见北齐军容整齐、士气高昂，不禁感叹：“高欢有这样的儿子，真是死而无憾了！”于是撤军西归。

高洋平日里自谦自抑，在寂寞中等待时机，与兄长高澄隐忍相处。他居安思危，时刻关注时局变化，最终在高澄被杀后抓住机会，成功登上帝位。

进退之道

做人做事，切忌锋芒毕露、骄傲浮躁。韬光养晦、低调行事，才能在权力的旋涡中生存并发展壮大。正如孟子所言：“穷则独善其身，达则兼济天下。”我们应该学会容忍和等待时机，保持积极的心态，不可因一时的挫折而灰心丧气。只有那些能够独善其身的人，才能在时机成熟时兼济天下。见微知著、守正待时、隐忍不发，这是成就大事、建立伟业的必由之路。

小不忍则乱大谋

原文

小不忍则乱大谋。

——《论语》

译文

如果小事情不忍耐，就会败坏大事情。

典故趣读

王莽称帝时，刘秀还只是个青涩的少年。尽管他身为汉朝宗室之后，但家境已然衰落。

某日，他的同乡李氏兄弟向他透露了一则神秘的谶语："刘氏将兴，李氏为辅。"

在当时，谶语颇具神秘感和权威性。刘秀敏锐地察觉到社会的动荡，意识到这是重振汉室的绝佳机会。于是，他与李氏兄弟商议后，在兄长的支持下，集结了一队人马起兵。随后，他又联合了农民起义军，增强了自身的实力。

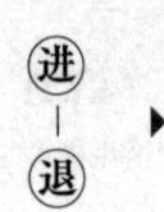

在关键的昆阳之战中，刘秀以卓越的指挥才能，以少胜多，不仅赢得了战争，还扭转了反王莽势力的不利局面。

然而，令刘秀始料未及的是，刘玄和其他几位起义领袖竟杀害了他的兄长。闻此噩耗，刘秀虽然内心悲痛欲绝，但表面上却显得异常平静。他清楚自己的处境，知道命运掌握在他人手中。此时若轻举妄动为兄报仇，只会是以卵击石，自取灭亡。因此，他选择了隐忍等待时机。

在刘玄面前，他自责未能规劝兄长，导致兄长犯下死罪，甚至声称自己也有罪。许多将领本以为刘秀会前来寻仇，想趁机将他除之而后快，却没想到他竟是来请罪的。有人试图安慰他，但他一再强调自己有罪，对于自己在昆阳之战中的赫赫战功绝口不提。

随着刘玄政权的日渐衰败，他急需派遣一位得力干将前往河北扩张势力。在宗亲刘赐的力荐下，刘玄最终决定派刘秀前往河北。刘秀一到河北便如蛟龙得水，他打着重振汉室的旗号四处招兵买马，并释放囚犯。因此，各级官吏和贤能之士纷纷投奔到他的旗下，中兴汉室的壮丽事业由此拉开了序幕。

刘秀能够克制自己的悲痛与愤怒，在寄人篱下的境遇中暗中筹备，静待时机。最终，他不仅为兄长报了仇，还成就了自己的千秋伟业。

进退之道

“小不忍则乱大谋”是一种处世智慧。刘秀在刘玄面前隐藏了自己的锋芒，避免了不必要的冲突和危险。而他以重振汉室为口号，积极展示自己的才能和魅力，赢得了人心和支持。这启示我们，在与人相处时，要懂得收敛自己的锋芒，以谦虚、低调的态度去赢得他人的尊重和信任；而在做事时，则要敢于展示自己的才能和实力，去追求自己的梦想和目标。

卧薪尝胆，三千越甲可吞吴

原文

尺蠖之屈，以求信也；龙蛇之蛰，以存身也。

——《周易》

译文

尺蠖尽量弯曲自己的身体，是为了伸展前进；龙蛇冬眠潜伏，是为了保全性命。

典故趣读

公元前494年，吴王夫差为了报杀父之仇，派出大将伍子胥，率领国内全部精锐兵力，猛烈进攻越国。

越国在这场战争中遭遇了惨重的失败。越王勾践眼看着自己的国家即将覆灭，只能向吴王提出议和。议和的代价是，勾践和他的妻子要前往吴国，成为吴王夫差的奴仆。

经过一番深思熟虑，勾践和大臣文种、范蠡商量后，决定接受这个屈辱的条件。他带着妻子，踏上了前往吴国的路。

夫差把勾践押回吴国都城后，他在先父阖闾的墓旁建了一间简陋的石屋，把勾践夫妇安置在那里，让他们从事最脏最累的劳动。勾践每天蓬头垢面地劳作，却没有一丝怨言，仿佛已经忘记了曾经的屈辱，心甘情愿地当起了奴仆。夫差还经常派人暗中观察他们，回来的人都说勾践夫妇生活非常艰苦，但工作很勤快，从不偷懒，也没有发现任何不轨的行为。

有时候，夫差出门还会让勾践在前面为他拉马。当他们走到大街上时，侍从会高声叫喊："大家快来看啊，这位就是曾经的越王勾践，现在他已经沦为我们大王的马夫了。"路人纷纷围观，对勾践推搡打骂。尽管遭受了这样的羞辱，勾践却始终保持着冷静，仿佛已经麻木了。

随着时间的推移，夫差觉得勾践已经失去了雄心壮志，对他的警惕也逐渐放松了。

有一次，吴王生病了，腹泻不止。勾践为了表示忠心，主动提出去探视吴王。

吴王让他回避一下，但勾践却说："我曾经学过一些医术，如果让我观察一下您的粪便，我就能判断您病情的轻重。"说完，他竟然尝了尝夫差的粪便，然后告诉夫差他的病很快就会好。

夫差很惊讶地问："你怎么知道的？"

勾践解释说："我曾经听医师说过，粪便的味道可以反映身体的状况。健康的人粪便味道重，而生病的人则味道轻。我刚才尝了大王的粪便，味道酸而稍苦，说明病情并不严重。只要稍加调养就会好的。"

夫差听后非常感动，觉得勾践比自己的大臣和儿子还要忠心。于是，他决定释放勾践夫妇回国。

不久之后，夫差的病好了，他履行了自己的诺言，放勾践夫妇回了越国。这时，越国的大臣文种已经带人前来迎接他们了。

回到越国后，勾践卧薪尝胆、励精图治，使越国迅速恢复了元气。后来，他趁吴王夫差出兵与中原大国争霸之际，发动攻击，最终打败了吴国。夫差走投无路，只得自杀。勾践凭借坚忍不拔的毅力和智慧，不仅打败了吴国，还一度称霸诸侯。

谁能想到，当初那个看似毫无还手之力的勾践，竟然会疯狂反扑呢？这正是忍耐的力量所在。想要成就大事的人，必须能够容忍命运赐予的一切不平。如果不能忍受种种困难和挫折，也就无法成就伟大的事业。勾践的故事告诉我们，只有坚忍不拔、忍辱负重，才能在困境中崛起，最终实现自己的梦想。

进退之道

在人生的旅途中，我们时常面临着选择与取舍。有时，为了追寻那更遥远、更璀璨的目标，我们不得不暂时放下骄傲，做出妥协与退让。这并不是向命运低头，而是一种智慧，一种积蓄力量的方式。

正如河流在崎岖的山路中曲折前行，有时为了绕过巨石，它不得不暂时改变流向。但这并不意味着它放弃了奔流大海的梦想，而是在积蓄力量，等待时机。同样，我们在人生的道路上，也会遇到种种阻碍和困难。此时，适时的妥协与退让，不仅能够帮助我们避免危险，更能在静默中积蓄起无尽的力量。

妥协不是软弱，退让不是失败。它们是我们人生中的策略与智慧，是我们通往成功的必经之路。暂时的退让是为了蓄势前进，是为了在未来某一天，能够昂首挺胸地迈向那个梦寐以求的目标。

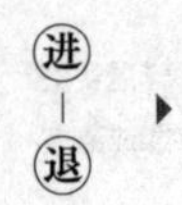

能成大事者，则必有所忍

原文

夫君子之所取者远，则必有所待；所就者大，则必有所忍。

——《贾谊论》

译文

想要达到长远的目标，就必须有所等待；想要成就伟大的事业，就必须有所忍耐。

典故趣读

张居正，明朝一代名相，其执政的十年间，以非凡的胆识与魄力，在政治、经济、军事等诸领域大刀阔斧地推行改革，使得国家安定昌盛，经济繁荣，社会呈现出清明富强的新气象。

早在张居正两岁那年，他便已能识得“王日”二字，天赋异禀，被家人誉为神童。十三岁时，他虽年纪尚幼，但参加乡试时却表现得沉稳老练，挥笔成章，撰写出一篇文采斐然的文章。若非湖广巡抚顾辚惜才，有意让张居正多经磨砺，他或许早已一举中举。经过数年的刻苦攻读，张居正终于以进士之身，踏上仕途，那一年，他才二十三岁。

入仕之后，张居正被选为庶吉士，他一边博览群书，一边深入揣摩官场之道。他胸怀壮志，然而当时皇帝明世宗昏庸无能，奸臣严嵩肆意妄为。面对这样的时局，张居正不得不隐忍待机，与严嵩巧妙周旋，长期无法施展自己的才华。在这漫长的十几年中，他内心承受着巨大的痛苦与压力。

终于，严嵩在专权十五年后倒台，徐阶继任首辅，张居正也开始得到朝廷的重用。然而，好景不长，他又遭遇了精明强干、头脑敏锐的政治对手高拱。面对高拱的傲慢无礼，张居正再次选择忍耐，他深知在官场中，没有一定的应变能力和处世智慧是难以立足的。因此，尽管他内心充满了对高拱的不满，但他却以谦恭与沉默作为回应，表现出一种更为激烈的无声对抗。

高拱下台后，张居正凭借其丰富的资历和卓越的才能，被召回朝廷担任首辅。他掌权后，一改过去谦虚祥和、沉默寡言的形象，变得雷厉风行、果断有力。他在全国范围内推行一系列改革措施，整顿国事，使得国家政治清明，经济蓬勃发展。他的改革活动不仅促进了当时社会的发展，也为后世留下了宝贵的政治遗产。

进退之道

当一个人力量微薄、境遇艰难时，便处于最易受攻击与欺辱的境地。此刻，人们的反抗能力最为薄弱，能够避开重大困境已然是莫大的幸运。面对他人无理的“待遇”，我们不妨暂且忍受“眼前亏”，牢记“留得青山在，不怕没柴烧”的道理，将“卧薪尝胆，待机而动”作为我们忍耐与奋发的源泉。

人生旅途，境遇各异，有时顺风顺水，有时逆风逆水；有时身居高位，得心应手，有时位处卑微，步履维艰。真正的强者，应当能屈能伸，能进能退。在某些特殊情境下，我们不必一味硬碰硬，而应审时度势，做出以退为进的明智选择。须知，“好汉不吃眼前亏”，因为逃避眼前的困境，往往会导致未来更大的损失。

纵观古今中外的杰出人物，他们无不是擅长应对逆境、善待低位的智者。他们既能昂首挺胸，也能俯首帖耳，从不自视过高，也不显摆自己的显赫地位。特别是在需要屈身让步的时候，他们更能展现出低调做人的智慧与气度。

羽翼未丰应韬藏，展翅之日冲云霄

原文

有才必韬藏，如浑金璞玉，暗然而日章也。

——《围炉夜话》

译文

有才学的人一定要韬光养晦，像未经提炼的金和未经雕琢的玉一般，起初黯淡但是日渐彰显；做学问一定要持之以恒，像流淌不息的流水和连绵飘浮的行云一样，每天都有进步而且永无止境。

典故趣读

蜀汉昭烈皇帝刘备曾多次寄人篱下。在投靠曹操的日子里，他收敛锋芒，低调行事，甚至在园中种起菜来。有一天，曹操设宴款待他，意在试探他是否仍有争霸天下的雄心。

席间，曹操问刘备：“你觉得天下有哪些英雄？”刘备列举了当时一些声名显赫的名将和诸侯，却唯独没有提及自己。曹操听后，微微一笑，他指着刘备，然后又指向自己，说：“依我看，现在天下能称得上英雄的人，只有你和我两人而已。”

刘备一听，心中大惊，手中的筷子竟不自觉地滑落到了地上。此时，恰好天空响起几声炸雷，大雨倾盆而下。刘备趁机俯身捡起筷子，平静地说：“这雷声真是威力无穷，竟吓得我筷子都掉了。”曹操见状，哈哈大笑，说：“大丈夫也怕雷吗？”他因此认为刘备并无争夺天下的野心，便放松了对他的警惕。

刘备正是凭借这种在关键时刻隐藏自己雄心和才能的智慧，才得以在日后迎来了三分天下的机会。

进退之道

“韬藏”既是一种谦虚，也是一种深远的战略。人生如棋，每一步进退都需深思熟虑。在适当的时机展现自己的能力，如同金子在沙中闪光，方能引起他人的注意。然而，韬藏并非无所作为，而是要在默默中积健为雄，不断积累知识和提升能力，让自己在关键时刻能够一鸣惊人。

当退则退

勇者何惧失败，他日卷土重来

暂时退却，他日卷土重来

原文

柔胜刚，讷止辩，让愧争，谦伏傲。是故退者得常倍，进者失常倍。

——《呻吟语》

译文

柔弱能胜刚强，少言能止辩口，退让能愧争夺，谦逊能伏傲慢。因此谦退的人得到的常常加倍，而躁进的人失去的常常加倍。

典故趣读

在隋朝时期，李渊被委派留守太原。那时，北边的突厥军队曾多次以数万精锐兵力攻打太原。为了保护城池，李渊派遣部将王康达率领千余人迎战，但结果却是惨败，几乎全军覆没。

之后，李渊运用智谋暂时吓退了突厥兵，守住了太原城。然而，尽管突厥兵暂时退去，但郭子和等人依靠突厥的支持，不断向李渊挑衅，使他处于极度防备状态。同时，隋炀帝也随时可能以失职为借口对他进行惩罚。

面对这样的内忧外患，大多数人可能认为李渊会为了自保而奋力反击。但出乎所有人意料的是，李渊并没有选择这样做。相反，他选择向突厥称臣，并愿意将自己的所有财宝进献给突厥可汗。

许多人不理解李渊的用意，但实际上，他已经深入分析了当时的天下大势，并决定起兵反隋。他意识到，要成功反隋，唯一的途径就是向西进入关中。虽然太原是一个军事重镇，但并不是他理想的根据地。西入关中才是最明智的选择。然而，如果太原失守，对李唐大军来说将是一个巨大的损失。那么，如何才能既保住太原又顺利西进呢？

当时，李渊手下最多只有三四万人马。即使他决定与突厥决一死战，也未必能守住太原。同时，他还需要应对有突厥支持的四周盗寇，这使得胜利的机会微乎其微。如果他选择进入关中，留下重兵把守显然不是一个好的策略。因此，他选择了与突厥和解，甘愿进献财宝并称臣，这是李渊的忍让策略。

李渊的让步策略取得了成功，始毕可汗确实与李渊建立了友好关系。通过向突厥让步，李渊获得了突厥的大量资助，包括马匹和士兵。他还趁机购买了许多马匹，为建立一支强大的战斗队伍奠定了坚实的基础。此外，由于汉人一直惧怕突厥兵的勇猛善战，而李渊的军队中恰好有突厥骑兵，这无疑为他的军队增添了士气。

虽然李渊当时的让步付出了巨大的代价，但他成功地保住了打天下的资本。在那种情况下，选择让步无疑是一种非常明智的策略。

进退之道

那些只知前进而不懂后退的人，他们的勇气和精神确实值得称赞。然而，那些能够在适当时候选择前进或后退的人，他们的耐力和智慧则更加令人钦佩。因为，在处理事务时，稍微退后一步，可能会以最小的代价赢得最大的收益，反之则未必。由此可见，真正懂得“退步”与“忍耐”的人，才是真正领悟了低调做人的深层智慧。

让步并非意味着吃亏，而是为实现下一个目标所做的铺垫。在处理任何事情时，一味地争强好胜、好勇斗狠并不可取。在适当的时候做出让步，既不是毫无原则的屈服，也不是软弱的退缩，而是在充分了解对手后的明智抉择。

让步是为了更好地前进。它可以为下一个目标做好准备，也可以借助对方的力量来实现自己的目标。当发现自己处于劣势，无论是势力还是技能上，都应该及时让步，以避免遭受更大的损失，这正是“好汉不吃眼前亏”的道理。但需要注意的是，让步并不意味着一直退让，而是要等待合适的时机，再寻找突破口。

一味冒进，只会越发感到不足

原文

道本足于身，以实求来，则常若不足矣；境难足于心，尽行放下，则未有不足矣。

——《围炉夜话》

译文

道理本身就存在于身心之中，充实而并无匮乏，所以一味地追求，只会越发感到不足。外在的东西难以填充人们的欲念，倒不如暂且放下，就会轻松自如，得心应手。

典故趣读

赤壁之战的烽火熄灭后，曹操的雄心壮志遭遇了前所未有的挫败。他深知，那曾经萦绕心头的统一天下之梦，如今已变得遥不可及。于是，这位一代枭雄调整了战略，将目光转向了稳固现有的疆域。

在随后的日子里，曹操凭借着他那非凡的军事才能，取得了一系列小规模战役的胜利。他率军进军西凉，与马超的势力展开了激烈的较量。经过一番角逐，曹操成功排挤了马超，迫使他逃往汉中，投奔了张鲁。

随后，曹操的军队又转战至合肥，与孙权展开了数次惊心动魄的较量。双方你来我往，互有胜负，战局一度胶着。最终，曹操在深思熟虑后，同意了孙权求和纳贡的请求，率领大军班师回朝。

几年后，曹操再次挥师西进，进军汉中。这一次，他取得了对军阀张鲁的决定性胜利，成功统一了西北地区，进一步扩大了自己的疆域。同时，他也获得了陇西和汉中一带，这些地区成为他日后进攻西川的重要跳板。

此时，部将司马懿向曹操献计，认为刘备虽然刚刚接管西川，但人心未稳，正是进攻的好时机。他建议曹操继续厉兵秣马，将西川纳入囊中，与刘备一决雌雄。然而，曹操却深知形势不利，他叹息道："人应当学会知足，岂能得陇望蜀，贪得无厌？"

于是，曹操决定班师回朝，将重心放在发展北方经济上，巩固自己的权势和声望。虽然他在以后的岁月里一直未能战胜刘备，占领西川，但他为曹氏稳占中原、日后取代刘氏建立曹魏帝国奠定了雄厚的基础。

曹操的一生充满了传奇色彩，他的战略调整不仅展现了他的智慧与决断，更为后世的统治者提供了宝贵的借鉴。他的故事告诉我们，在追求梦想的过程中，要学会审时度势，适时调整自己的战略和步伐。

穷则变，因为有了穷途末路，所以需要调整目标与方向；变则通，因为有了变通，才存在继续发展和进步的可能；通则久，因为在疏通中我们懂得了真正的取舍之道，最终才能够在事业中长久不衰，得心应手。

进退之道

人们往往被无尽的欲望和追求所驱使，却忽略了自身的承受能力和现实的限制。我们应当学会知足，珍惜已有的成果，不断积累和提升自己，而不是盲目追求更高的目标。

同时，我们也应当学会在适当的时候放下，调整自己的步伐和策略。无论是工作还是生活，我们都需要有一种进退自如的智慧，既能积极进取，又能适时收手。在追求中保持清醒，在放下中收获满足，这样才能真正实现人生的价值和意义。

君子藏器于身，待时而动

原文

君子藏器于身，待时而动。

——《周易》

译文

君子有卓越的才能却不到处炫耀，而是等待必要的时刻把才能施展出来。

典故趣读

汉高祖离世后，吕后独揽大权，她手段狠辣，将刘邦的子孙及刘氏诸王一一铲除，以吕氏家族独霸天下，对任何反对者都毫不留情地予以清除。

左丞相陈平深知局势险恶，尽管内心不满，但表面上却对吕后言听计从。他明白，稍有差池，便会招来杀身之祸。吕后见陈平如此顺从，逐渐对他放下戒心，甚至将他从左丞相提拔为右丞相。然而，陈平并未因此松懈，他故意对政务敷衍塞责，整日沉溺于酒色之中，这

种放纵的生活与他过去的精明干练形成鲜明对比。

在吕后看来，陈平的这种转变无疑是个好消息。只要他不再过问政事，沉湎于享乐，她便可以高枕无忧。陈平则以装傻充愣的方式，静待时机，只求保全性命。

吕后逝世后，陈平果断地站出来，支持太尉周勃清除吕氏家族，夺回政权，使之重回刘氏手中。这一切的成功，离不开陈平的韬光养晦和深谋远虑。

陈平的退让并非自甘堕落，而是为日后的进取做准备。在吕后专权、吕氏家族势力如日中天之时，若陈平鲁莽行事或稍有懈怠，都可能招致生命危险，更别提日后恢复汉室江山了。因此，保全性命，等待有利时机，无疑是明智之举。

进退之道

胸有韬略的人，在时机未成熟时不宜过早显露锋芒，否则可能陷入不利境地。只有在时机成熟、万事俱备时，再施展抱负和才能，方能一举成功。

任何事业的壮大都是从弱小开始的。在处于弱势时，我们需要的是积蓄力量、蓄势待发，而不是唉声叹气。只有如此，才能在时势转变时抓住机遇、变得强大。

当你遭遇逆境或不幸时，鲁莽行事往往徒劳无功。此时，最好的策略是耐心等待时机。审时度势，静待时机，也许不久之后，你就会看到希望的曙光在前方照亮你的道路。

瞒天过海，以弱胜强

原文

鹰立如睡，虎行似病，正是它攫人噬人手段处。故君子要聪明不露，才华不逞，才有肩鸿任巨的力量。

——《菜根谭》

译文

老鹰站在那像睡着了，老虎走路时像有病的样子，但这正是它们准备捉人吃人前的手段。所以，君子要做到不炫耀聪明，不显露才华，如此才能培养出肩负重大使命的毅力。

典故趣读

在三国这个英雄辈出的时代，曹操无疑是一位威震四方的枭雄。他傲视群雄，连青梅煮酒论英雄时，都能精准地洞悉天下“英雄”的本质。

然而，智者千虑，终有一失。曹操的疏忽，让司马氏得以窃取江山。

曹操曾察觉到司马懿胸怀大志，并听闻他拥有“狼顾”之相。所谓“狼顾”，便是能像狼一样，头和脖子可以左右转动一百八十度，而司马懿的身体和肩膀几乎不动，头却能轻松向后转。在曹操眼中，这“狼顾”之相，便是司马懿心术不正的象征。

但司马懿却表现得极为出色。他每日勤于公务，无论是处理公文还是管理马匹，从内务到外勤，都亲力亲为，工作做得有条不紊。对曹操，他更是毕恭毕敬，言听计从。久而久之，即便是生性多疑的曹操，也逐渐放松了对他的警惕，认为他不过是个胆小怕事之人。然而，这不过是司马懿的伪装罢了。

司马懿不仅成功骗过了曹操，还成功骗过了他的儿子曹丕。无论他身居何职，都巧妙地向曹丕展示着自己的忠诚。在司马懿的辅佐下，曹丕一步步登上权力的巅峰，而司马懿的势力也随之壮大。

曹芳继位后，曹爽掌权。为了排挤司马懿，曹爽表面上提升他的职位，实际上却剥夺了他的兵权。自此，曹爽便放心大胆地玩乐起来。当听说司马懿生病时，曹爽还派人假意探望，以探虚实。此时的司马懿老态龙钟，听不清话，双手颤抖，进食困难——这一切当然又是他的伪装。曹爽见状，心中的戒备彻底消除。

然而，就在曹爽在野外游玩得正欢时，司马懿父子却突然发动政变，不仅端了曹爽的老窝，还夺回了兵权。就这样，司马氏开始篡魏建晋。

进退之道

强大处下，柔弱处上，此语道出了生活的智慧与哲理。在纷繁复杂的世界中，我们往往被教导要强大、要刚硬，然而，真正的智慧却在于适时示弱。强大者，若总是傲立山巅，必将引来风雨侵袭；而柔弱者，身处低谷，却能避开锋芒，静待时机。

示弱并非软弱，而是一种策略，一种自我保护的手段。它让我们在人际交往中减少摩擦，避免不必要的冲突。以弱示人，并非真的弱小，而是以一种更加谦逊、包容的姿态去面对世界。这样的态度，往往能让我们收获更多，因为人们更愿意与谦逊者交往，更愿意帮助那些看似需要帮助的人。

因此，在生活中，我们要学会适时示弱，用柔弱的姿态去面对世界的强大。这样，我们才能在人生的道路上走得更远、更稳。

刚强内藏，低调示弱

原文

故善持胜者以强为弱。

——《列子·说符》

译文

善于保持优胜地位的人，总是把自己的强项看作弱势。

典故趣读

武则天，年仅十四便显露出过人的才华，被唐太宗召入宫中，不久封为才人，被唐太宗亲昵地唤作“媚娘”。

唐太宗受术士蛊惑，服用丹药，虽短暂精神焕发，但不久便身体枯槁，行将就木。武则天正值青春，眼见太宗将逝，她明白自己恐将老死宫中，因此时刻留意寻求新的依靠。她并未因此放弃，而是冷静分析形势，为未来发展做好打算。太子李治见武则天美貌绝伦，心生仰慕，两人情投意合，只待太宗离世，便可双宿双飞。

唐太宗临终前，仍不忘江山社稷，意图让武则天随他而去。他当着太子李治的面问武媚娘：“朕病重难愈，你跟随朕已久，朕实不忍弃你而去。朕走后，你该如何自处？”武媚娘聪明绝顶，立刻领会太宗之意。她深知，只要能保住性命，未来仍有出头之日。于是，她跪下恳求道：“妾愿削发出家，长斋拜佛，为圣上祈福，以报圣恩。”唐太宗听后，连声说好，并命她即日出宫。武则天此举既保住了性命，又消除了太宗的疑虑。

一旁的太子李治如遭雷击，心痛不已。而武则天则趁机离开，前往尼姑庵。太子李治随后前往媚娘卧室，见她正在收拾行李，便呜咽道：“卿竟甘心撇下我吗？”武则天含泪道：“圣命难违，只好走了。”她又告诉李治，自己的选择是为了保留一线生机，只要他不忘旧情，总有重逢之日。太子深受感动，解下九龙玉佩赠予媚娘作为信物。太子登基不久，武则天便被召回宫中。

武则天的聪明之处在于她懂得审时度势，在危难面前能迅速分清主次，并果断选择“退”，从而保住了自己的性命。待时机成熟，她又果断地由退转进，最终成为中国历史上的一代女皇。

进退之道

示弱并非软弱，而是一种智慧。当我们才华出众或位高权重时，难免会遭人忌妒。在无法消除这种社会心理之前，学会示弱可以将其消极作用降到最低。在人生旅途中，学会“弯腰低头”是一门必修的功课。只有甘于弯腰之人，才能在社会的风雨中获得更多的人生保障。

一意孤行，容易走上不归路

原文

能自得师者王，谓人莫己若者亡；好问则裕，自用则小。

——《尚书》

译文

能够求得贤圣为师的人可以称王天下，自以为别人都不如自己的就会灭亡；谦虚好问的人就会气度宽宏，刚愎自用就会气量狭小。

典故趣读

三国时期，吕布骁勇善战，在民间有“人中吕布，马中赤兔”之说，但就是这样一个猛将，却因为刚愎自用、一意孤行，而落得个众叛亲离、身死敌手的下场。

在濮阳初次与曹操对敌时，陈宫曾为吕布谋划在濮阳南边一百八十里的泰山道上埋伏精兵，袭击曹军。吕布没有采纳，只是派两员副将驻守兖州，自己却率领主力另屯兵濮阳，坐待曹兵围攻。

结果曹操一举攻下了兖州，又挟得胜之势率领大军直逼濮阳。敌众我寡，局势紧迫，陈宫极力主张："不可出战，待众将聚会后方可。"但吕布自认为："吾之英雄，谁敢近也！"于是逞英雄，未听从陈宫的计策，孤军应敌，结果又一战丢了濮阳。

徐州之战时，吕布虽被曹操大军围困在下邳孤城，但实力仍强，军队未打败仗，士气也高，部将们都忠心耿耿，希冀作最后一搏。当时陈宫建议说："今操兵方来，可乘寨栅未定，以逸待劳，无不胜也。"但吕布刚愎自用，自恃"粮食足备，以资于内；泗水之险，以拒于外"，不肯抓住有利战机主动出击，宁肯困守孤城，坐以待毙。

当曹军兵至下邳城时，吕布被团团包围，已经无路可逃。陈宫又一次献策："曹操远来，其局势必不能长久。将军如果用步兵和骑兵驻守城外，我率领其余人马把守城门，曹军若进攻将军，我率兵从后面攻打；若来攻城，将军就从外面救援。不到一个月，曹军弹尽粮绝，可一鼓而破。"如此良策，有勇无谋的吕布却听从妻妾之言，守城不攻，将陈宫的良谋抛之脑后，最终一错再错，落得个身死白门楼的下场。

进退之道

古往今来，一个人的力量都是十分有限的，如果执迷不悟，就会犯"一叶障目，不见泰山"的错误，心灵处于封闭状态而不自知，"当局者迷，旁观者清"即是此理。那么，在生活中，我们就要做一个善于聆听、谋划的人，允许有不同的意见存在，做一个胸怀开阔的谦谦君子。否则，独断专行也好，一意孤行也罢，终将走上不归路。

不懂居安思危，如何从容进退

原文

老来疾病，都是壮时招得；衰时罪业，都是盛时作得。故持盈履满，君子尤兢兢焉。

——《菜根谭》

译文

年纪大时体弱多病，那都是年轻时不注意爱护身体招来了病根儿；一个人事业失意以后还会有罪孽缠身，那都是得志时埋下了祸根儿。因此一个有高深修养的人，即使生活在幸福环境，处在事业巅峰，也要兢兢业业，戒骄慎言，为今后打下好基础。

典故趣读

唐朝末年，沙陀族首领李克用因协助朝廷平定黄巢起义，功成名就，被封为陇西郡王，继而晋封为晋王。梁开平二年（908）正月，李克用辞世，临终之际，他将三支箭郑重交予其子李存勖，并嘱托道："梁王乃我之仇敌；燕王虽由我扶植，却与契丹王耶律阿保机一同背我投梁。此生未能手刃此三人，乃我之大憾。今将此三箭交付于你，勿忘我之大仇。”

李克用过世后，李存勖承袭父位，成为新任晋王。他将那三支箭供奉于家庙，誓言必报父仇。

李克用逝世的前一年，梁王朱温已篡唐自立，建立梁朝。当时，梁国势力庞大，地广兵多，占据今河南、山东两省及陕西、山西、河北、宁夏、湖北、安徽、江苏等省的部分地区。

燕王刘仁恭及其子刘守光，原本得李克用之力被唐王朝任命为卢龙军节度使。然而，刘仁恭却背信弃义，袭击李克用的军队以讨好梁王。李克用逝世那年，刘守光更是囚禁其父，自封卢龙军节度使，四年后更自称“大燕皇帝”。

李存勖继任后，时刻铭记父命，深知实力尚弱，遂励精图治。他广纳贤才，整饬吏治，黜退贪腐，宽税恤民，昭雪冤案，严禁奸盗。不久，境内大治，国家日渐富强，上下一心。

913年11月，李存勖出兵征燕，成功擒获刘仁恭父子。十年后，即公元923年，李存勖登基称帝，建立唐国。同年，他出兵进攻梁国。此时，梁国皇帝已是朱温之子朱友贞，他无法抵挡唐军的攻势，最终自杀身亡。李存勖将朱友贞君臣的头颅漆涂后收藏于太庙。

然而，随着两个仇家的覆灭，李存勖逐渐变得骄傲自满，沉迷于享乐与游猎，甚至与戏子为伍，亲自登台表演，国事家仇皆抛诸脑后。戏子郭门高担任亲军指挥使，因部下作乱被牵连而遭诛杀。李存勖却无端指责郭门高，使其心生恐惧。最终，在李存勖的养子李嗣源造反之际，郭门高率部攻入宫中，射杀了李存勖。

进退之道

个人的强大往往伴随着自负和自满的情绪。危险常常潜藏在人们的自满之中，于懈怠之时突然降临。无论现状多么美好，我们都应时刻保持忧患意识。只有居安思危，做好应对变故的准备，才能使成功与繁荣得以持久。一旦危机来临，我们也能从容应对，不至于措手不及。

盛时常作衰时想，上场当念下场时

原文

盛时常作衰时想，上场当念下场时。

——《曾国藩家书》

译文

在繁荣昌盛的时候要时常想到衰败的时节，在上台表演的时候要想到下台退场时的光景。

典故趣读

南宋时期，韩侂胄曾在南海县担任县令，其间他慧眼识人，聘用了一名才华横溢的书生作为助手，两人关系十分融洽。后来，韩侂胄升官，两人因忙碌而暂时断了联系。

某日，这位书生突然造访韩府，韩侂胄喜出望外，诚邀他留下担任幕僚，并许以厚禄。尽管书生无意仕途，但在韩侂胄的坚持下，只好答应暂住一段时间。

韩侂胄对这位书生极为信任，两人无话不谈。然而，不久书生便

提出离去，韩侂胄虽不舍，但见书生去意已决，便设宴为他送行。席间，两人回忆往昔共事时光，感慨良多。

夜深人静时，韩侂胄屏退左右，将座位移至书生面前，郑重问道：“我如今身居高位，肩负国家中兴重任，外间对我议论如何？”书生长叹一声，举杯一饮而尽，然后沉痛地说：“平章大人，您家族如今已陷入灭顶之灾，我又能说什么呢？”

韩侂胄大惊失色，忙问缘由。书生以疑惑的目光看着他，摇了摇头道：“危险已昭然若揭，您为何视而不见？您在册立皇后和皇太子之事上袖手旁观，已引起他们的怨恨；您欲将一批贤人君子撤职流放，更是激怒了士大夫；您虽主张北伐无错，但战争中我军伤亡惨重，将士与百姓对您心生怨言。您以一己之身，如何能承受这么多人的仇恨呢？”

韩侂胄听后汗流浃背，惶恐不安，恳请书生指点迷津。书生诚恳地说：“我衷心希望您能采纳我的建议。当今皇上并不贪恋皇位，若您能迅速为皇太子设立东宫建制，并以禅让故事劝说皇上及早传位，那么太子定会感激您。待太子即位后，皇后成为皇太后，即使她仍有怨恨，也无力报复。此时，您可趁机刷新朝政，追封贤人君子，安抚其家属，并重用活人。同时安定边疆、犒赏三军、减轻赋税以消除民怨。最后，您可选择一位大儒接替您的职位，自己则告老还乡。如此或许能转危为安。”

然而，韩侂胄贪恋权位，不愿让贤退位；他仍有北伐中原、统一天下的雄心；且心存侥幸，认为自己不会遭此厄运。因此，他虽明知处境危险，却仍不肯急流勇退，只是将书生留在身边以备不时之需。

书生见韩侂胄执迷不悟，为免遭殃及，不久便离去了。

后来，韩侂胄发动的“开禧北伐”以惨败告终。南宋被迫向金国求和，而金国则将追究首谋北伐的“罪责”作为议和条件之一。最终，韩侂胄在朝野中孤立无援，被南宋政权杀害。他的棺木被凿开，头颅被割下送至金国。那位书生的话终究应验了。

进退之道

权力，是一柄闪耀着光芒的双刃剑，一旦运用得当，它便能引领人走向荣耀与富贵的巅峰；然而，一旦失控，那先前所累积的荣华与地位，便可能在一夜之间化为乌有，甚至成为自我毁灭的导火索。因此，在权力的诱惑面前，我们必须保持清醒的头脑，懂得在春风得意之时，坚守低调的智慧。低调，就像是一道隐形的屏障，它能够在权力的风暴中保护我们免受伤害。

功成身退

事了拂衣去，深藏身与名

功成身退是一种魄力

原文

持而盈之，不如其已；揣而锐之，不可长保。金玉满堂，莫之能守；富贵而骄，自遗其咎。功遂身退，天之道也。

——《道德经》

译文

执持盈满，不如适时停止；锋芒太利，锐势难以保持长久。金玉满堂，无法守藏；因富贵而骄横，那是自己留下了祸根。功德圆满了，就要适时而退，这是符合自然规律的道理。

典故趣读

范蠡，春秋末年越国的杰出谋士，智勇双全，被拜为大夫。在勾践三年的烽火岁月中，吴王夫差大败越军，勾践屈身入吴为臣。范蠡亦在吴国为质，忍辱负重，历经两年磨难。待得归国，他与文种共谋大计，精心策划了兴越灭吴的九项策略，成为越国“十年生聚，十年教训”这一计划的关键策划者和组织者。

为了实施灭吴的大计，范蠡亲自踏上了寻访奇才的征途。他跋山涉水，终于在苎萝山的浣纱河畔遇见了德才兼备的奇女子西施。西施的出现，为越国的灭吴大计注入了新的活力，她以大义为重，深入吴国，协助越国完成了灭吴的壮举，谱写了一段传奇。

范蠡跟随勾践长达二十多年，历经风雨，共同奋斗，最终助越国灭吴，成就霸业。他不仅在军事上出谋划策，更在精神上鼓励勾践卧薪尝胆，矢志复仇。然而，范蠡深知人性的复杂，他洞察到勾践的性格，明白与其共患难易，共安乐难。因此，在越国欢庆胜利的时刻，他选择了急流勇退，带着家人悄然离开了越国。

之后，范蠡辗转来到齐国，隐姓埋名，以鸱夷子皮的身份开始了新的生活。他与儿子及门徒在海边结庐而居，辛勤耕作，同时开展副业和经商活动。凭借他的智慧和努力，没过几年便积累了巨额财富。他乐善好施，慷慨解囊，赢得了齐人的尊敬。齐王更是亲自邀请他入朝，担任相国一职。然而，范蠡却深知名利之累，他感慨道："身居高位，家财万贯，对于一个出身贫寒的布衣来说，已是极致。长久的荣耀，未必是福。"于是，三年后，他再次选择急流勇退，归还相印，散尽家财，将财富赠予亲友。

最后，范蠡身着布衣，第三次迁徙至陶地（今山东定陶西北）。这里地处天下之中，交通便利，商贸繁荣，是经商的理想之地。他运用自己的智慧和经验，顺应时势，经营有道，很快便再次积累了巨额财富。他自号陶朱公，成为当地民众敬仰的财神。范蠡的经商之道不仅注重利益，更强调道德和诚信，因此被誉为我国道德经商的典范。

进退之道

时势既能造就英雄，同样也能让英雄陨落，因此，才有“识时务者为俊杰”这样的说法流传于世。作为英雄人物，更应审时度势，知进知退。从人的天性而言，鲜少有人能心甘情愿地选择隐退，尤其是在功成名就之后。历经千辛万苦，九死一生才赢得的江山与高位，名利双收之际，突然要舍弃一切，谁又能轻易做到？

然而，功成身退并非意味着终结，而是另一段人生旅程的起点。这种身退，是在特定范围与层次上的选择。它意味着从一个领域退出，转而投身另一个领域，继续发展，开启新一轮的功成身退之旅。换言之，功成身退是一个不断循环上升的过程：追求成功，功成身退，然后转向新的领域再次追求成功，再次功成身退……这才是功成身退的真正内涵，一个永不停歇、持续上升的循环过程。

寄情山水间，便得自在心

原文

清闲无事，坐卧随心，虽粗衣淡饭，但觉一尘不淡。忧患缠身，繁扰奔忙，虽锦衣厚味，只觉万状苦愁。

——《小窗幽记》

译文

没有俗事缠身自然清闲自在，想躺着还是坐着都随自己的心意，虽然身穿粗布麻衣、吃的是粗茶淡饭，但生活的乐趣却越发浓厚。那些忧愁与烦恼缠身的人，整日奔走劳碌，虽然穿的是绫罗绸缎、吃的是山珍海味，却感觉周遭一切都愁苦不堪。

典故趣读

东晋一代名士谢安自幼生长在名门贵族，他的父亲名叫谢裒，官至太常。

谢安在小时候就很有风度，且神态沉着、思维敏捷，擅长行书。

他四岁的时候，名士桓彝就对他十分赞赏，称赞他风采神态清秀明达，将来不会比东晋初名士王承的成就差。

他还曾拜访名士王濛，和对方谈论了很长时间。他离开后，王濛的儿子王修问：“刚才是哪个大人物在和您谈话？”

王濛说：“这个客人十分勤勉，将来一定会有很大成就。”

当时的宰相王导也很看重谢安，所以年纪轻轻的谢安在当时的上流社会圈子里享有极高的声誉。不过，他却不打算凭借自己的出身和盛名为己谋利。朝廷征召谢安进入司徒府当职，让他担任佐著作郎的职位，但被他以生病的借口推辞了。

后来，不想入朝为官的谢安隐居到了会稽郡的东山，与许询、王羲之、支道林等名士名僧常常一起结伴交游，回到家里便吟诗作文，不曾想过当官。

当时的扬州刺史庾冰也十分仰慕谢安的名声，多次派手下的郡县官吏来督促，最终谢安迫不得已，决定出仕。但是仅过了一个多月，他就辞官回家。后来，朝廷相继征召他去述职尚书郎、琅琊王友，但谢安都拒绝了。

吏部尚书范汪推选谢安当吏部郎，也被谢安回绝了。部分官员认为谢安连续多年不应朝廷征召，便上疏将其终身禁锢，就这样，谢安被放浪到东部的名胜之地。

谢安曾在临安山游玩，他坐在山上的石洞里，面对着深谷，心情十分舒畅，不禁感叹道：“此般情致与伯夷有何区别！”

还有一次，他和孙绰等人在大海上泛舟，突然间天气骤变，风浪很大，船上的人都十分惊恐，只有谢安镇定自若，谈笑风生。船夫看着谢安很高兴，就继续划船漫游。随着风浪越来越大，谢安才缓缓说道："风浪这么大，我们如何返回岸上呢？"船夫这才摇桨返航。船上众人对谢安表现出来的镇定气度都十分钦佩。

谢安曾向王羲之学过行书，所以他的书法水平很高。《宣和书谱》称其"初慕羲之作草正字，而羲之有解书者。后之评其字者，亦谓纵任自在，若螭盘虎踞之势，要当人能品也。然其妙处，独隶与行草耳。此所有惟行书为多"。后世的米芾称赞他的书法为"山林妙寄，岩廊英举，不繇不羲，自发淡古"。

虽然谢安多次拒绝出仕为官，但当时会稽王司马昱说："谢安既然能够和他人一起享受欢乐，也一定可以与他人共渡难关，再让他做官，他一定会同意。"

当时，谢安的弟弟，名士谢万任职西中郎将，戍守边疆。谢安虽然归隐于山林之中，但他的名声依然超过了谢万。谢安去世后，在民间被尊奉为神祇，称他为"谢千岁""谢圣王""广惠尊王""广应尊王""护国尊王"等。

唐代的将军陈元光率兵进入漳州时，便带着谢安的香火，并将谢安尊奉为"广惠王"。而漳州人也将"广惠王"的信仰带到了南洋等地。

进退之道

人生的幸福并不在于外在的富贵与贫贱，而在于内心的宁静与满足。当我们能够淡泊名利，随遇而安，就能在生活中找到真正的快乐和满足。反之，如果我们过于追求物质享受和外在成就，就会陷入无尽的忧虑和烦恼之中。

因此，我们应该学会放下对物质的过分追求，转而关注内心的修养和精神世界的丰富。只有这样，我们才能在喧嚣的世界中保持一份宁静和从容，过上真正有意义的生活。

深藏不露，大智若愚

原文

愚者人笑之，聪明者人疑之。聪明而愚，其大智也。

——《呻吟语》

译文

愚蠢的人，人们会嘲笑他；聪明的人，人们会怀疑他。聪明而又能保持愚拙，这才是真正的大智慧啊！

典故趣读

殷商时代，太师箕子见纣王执迷不悟，坚持暴政，于是选择装疯卖傻以避祸。某夜，纣王畅饮至深夜，醉得不省人事，竟连年月日都混淆不清。他询问左右侍从，然而众人都因畏惧纣王的暴戾，害怕祸从口出，纷纷表示不知。随后，纣王命人去询问箕子。面对这看似简单却暗藏玄机的问题，箕子略作思考，也回答说不知。旁边的人对此感到不解，纷纷询问箕子："你明明知晓，为何也要声称不知呢？"

箕子解释道："纣王身为一国之君，却整日沉迷于酒色之中，甚至连年月日都分不清，这无疑是殷朝即将灭亡的征兆。如今，纣王身边的人因惧怕其暴虐，皆选择隐瞒真相，若我独自揭露真相，岂非将自己置于危险之中？因此，我也只得假装糊涂，以保全性命。”

进退之道

有些人看似愚钝，实则智慧过人，而有些人看似聪明，实则愚昧无知。其中的关键，便在于是否具备自知之明。一个人若是不张扬自己的才华，反而更能彰显其独特之处；若是不自以为是，反而能够超越众人；若是不夸耀自己的成就，反而能够完成伟大的事业，这便是大智若愚的真谛。而那些盲目自大、心胸狭窄、玩弄小聪明、固执己见、自以为是、贪图虚名、喜欢炫耀的人，终究难以在任何一个领域取得真正的成就，这便是大愚若智的表现。

常言道，难得糊涂，糊涂亦难得。深藏不露，大智若愚，不仅可以避免权势显赫者的嫉妒和打压，也能防止同道之人的嫉妒和排挤，更能防范小人的忌恨和破坏。因此，我们应该学会保持一颗谦逊之心，不张扬自己的才华，不贪图虚名，不轻易表露自己的真实想法，这样才能在复杂的人际关系中保持清醒和冷静，实现真正的成功和成就。

爵位不宜太盛，太盛则危

原文

爵位不宜太盛，太盛则危；能事不宜尽毕，尽毕则衰；行谊不宜过高，过高则谤兴而毁来。

——《菜根谭》

译文

官位不宜太高，权势不应太盛，如果太高太盛就会使自己陷于危险状态；一个人的才干不应一下子都发挥出来，如果都发挥出来就会处于衰落状态；一个人的品德行为不可以标榜过高，如果太高就会招来毁谤和中伤。

典故趣读

张良，西汉时期的杰出谋士，为汉高祖刘邦出谋划策，立下赫赫战功。公元201年，当刘邦大封功臣时，特意给予张良封邑的殊荣，让他自选三万户齐地作为封地。然而，张良却婉言谢绝，最终刘邦无奈地将他封为留侯。此后，张良便深居简出，潜心修炼神仙之术，远离了朝廷的纷争。

某日，朝中群臣纷纷找到张良，原来刘邦有意废太子，他们希望张良能够出面劝说。张良沉思良久，告诉大家他并非不想帮忙，而是深知皇上废太子必有其考量。他作为一个臣子，即便劝说，也未必能改变皇上的决定。因此，他选择了保持沉默，认为自己无能为力。

见张良不肯出面，吕后心急如焚，派人软硬兼施，试图威逼张良。张良无奈，只好出了一个主意，建议吕后请出商山四皓辅佐太子。刘邦对这四人一直敬重有加，看到太子请他们出山，自然明白太子已有足够的实力，于是打消了废太子的念头。

吕后对张良的计策大为满意，派人向他致谢。然而，张良却谦虚地表示，这一切都是吕后的英明决策，与他并无关系，希望大家不要再提起此事。

刘邦驾崩后，吕后独揽大权。张良深知此时不宜涉足朝政，于是选择两耳不闻窗外事，对朝中事务一概不问。吕后见张良如此淡泊名利，认为他只是个潜心研究仙道之学的人，便不再将他视为威胁，反而对他多了几分赞赏。

在封建朝廷中，聪明人往往备受君王重用，但同时也容易遭到猜忌。张良深知这一点，因此他选择以全身而退的方式保全自己。他的智慧和谦逊不仅让他躲过了朝廷的纷争，也赢得了后人对他的尊敬与赞誉。

进退之道

任何事都有个度，“官大担险，树大招风”“否极泰来”“物极必反”，都说明了这个道理。一个人的爵禄官位到了一定程度就必须急流勇退，古代开国功臣大多被杀的一个很重要的原因就在于不能急流勇退。可惜很多人不懂这个道理。最典型的例子是汉初三杰，帮刘邦打下天下后，结局各不相同，因此司马光才很感慨地说：“萧何系狱，韩信诛夷，子房托于神仙。”其实，何止在做官上应知进退，其他事同样应知进退、深浅。人和人只要在一起就会产生矛盾，因利益之急，因嫉妒之心，因地位之悬，因才能之较，都可能结仇生怨。因此，做人处事最重要的是把握好尺度。

玉韫珠藏，便可避招风雨

原文

君子之心事，天青日白，不可使人不知；君子之才华，玉韫珠藏，不可使人易知。

——《菜根谭》

译文

君子有高深修养，他的心地像青天白日一样光明，没有什么不可告人的事；君子的才华应像珍藏的珠宝一样，不应该轻易炫耀，让别人知道。

典故趣读

三国时期的杰出谋士荀攸，智慧卓越，谋略非凡。他辅佐曹操征讨张绣、擒获吕布、与袁绍交战、平定乌桓，为曹氏集团统一北方、建立不朽功业立下赫赫战功。在朝堂之上，他度过了二十多个春秋，面对政治旋涡中错综复杂的上下级关系，他始终能够从容应对，即便在极其严酷的人事斗争中，也能稳操胜券，立于不败之地。这一切，都源于他淡泊名利、缄默深沉的处世之道。

曹操曾对荀攸的谋略给予高度评价，他形容荀攸："公达外表看似愚钝，实则内心智慧；外表看似胆怯，实则内心勇敢；外表看似柔弱，实则内心坚强。他不炫耀自己的善行，不张扬自己的辛劳。他的内智别人可以达到，但他的外愚却无人能及，即便是颜回、宁武这样的贤人也不能超过他。"这足以见得荀攸在平日里极为注重观察周围环境，对内对外、对敌对己，都能展现出截然不同的面貌。

在军机大事上，荀攸智慧过人，屡出奇策；面对敌军，他英勇无畏，百折不挠。然而，在面对曹操和同僚时，他却从不争强好胜，总是表现得谦卑、文弱、愚钝、怯懦。有一次，他的姑表兄弟辛韬问及他当年为曹操谋取袁绍冀州的情形，他却极力否认自己的谋略贡献，声称自己并未有所作为。实际上，他为曹操谋划了众多奇策，史家都赞誉他为"张良、陈平第二"。但荀攸对自己的卓越功勋却守口如瓶，从不向他人提及。

他与曹操共事二十余年，关系融洽，深受信任。从未有人到曹操面前谗言陷害他，也从未有过任何得罪曹操、令曹操不悦的行为。

建安十九年（214），荀攸在征战途中安详离世，曹操得知后痛哭流涕，感慨道："我与荀公达共事二十余年，他无一处可指摘。"并赞誉他为谦逊的君子和完美的贤人。这一切，都是荀攸善于处世、精于应变的结果。

进退之道

玉韫珠藏，避招风雨的应变策略，看似消极退避，实则蕴含着深刻的智慧。它并非委曲求全，而是选择以低调稳健的方式展现才华、发挥特长。对于谋士而言，这种策略不仅有助于保全自身，更能达成事业的完美收官。一个有内涵、有实力的人，无须永远站在聚光灯下。他们懂得忘记过去的成功与辉煌，正视现实，以平和的心态面对人生的起伏。即使退居幕后，他们依然能够赢得人们的尊重与赞誉，因为他们的价值并非仅由外在的成就来定义，更在于内在的品质与智慧。

淡泊名利，便不受命运摆布

原文

彼富我仁，彼爵我义，君子固不为君相所牢笼。人定胜天，志一动气，君子亦不受造化之陶铸。

——《孟子》

译文

别人有财富我坚守仁德，别人有爵禄我坚守正义，所以君子绝对不会被君相的高官厚禄所束缚或收买。人的智慧一定能战胜大自然，思想意志可以转变自己的感情气质，所以君子绝对不受命运摆布。

典故趣读

南北朝时期，有一位名叫王僧虔的杰出人物。他平易近人，处事谨慎，学识渊博，特别是在书法领域造诣深厚。当时的皇帝齐高帝同样痴迷于书法，因此常常邀请王僧虔与他一同切磋交流。

有一次，两人完成作品后，齐高帝好奇地问王僧虔：“你觉得我们两人的书法，谁更胜一筹？”

王僧虔恭敬地回答："臣非常荣幸，能与陛下在书法上并驾齐驱，实在难分高下。"

齐高帝听后哈哈大笑，称赞道："你真是个善于谋划的人啊。"

齐高帝驾崩后，其子继位。新皇帝对王僧虔的才华和品德深感敬佩，决定进一步提升他的官职，任命他为侍中，并封为左光禄大夫、开府仪国三司。

然而，当时王僧虔的侄子王俭也在朝中担任要职。王僧虔深知叔侄二人同朝为官且都身居高位，可能会引起不必要的猜疑和麻烦。于是，他主动找到王俭商量，表示不能接受这次的提拔。他解释说："如果我们叔侄二人都身居高位，不仅会引发人们的猜疑，还可能带来许多不必要的麻烦。"

随后，王僧虔毅然决然地向皇帝上奏，请求收回封赏。皇帝见王僧虔态度坚决，只好收回成命，改任王俭为侍中。

很多人对王僧虔的行为感到不解，纷纷问他："给你高官厚禄你都不要，那你还想要什么呢？"

王僧虔坦然回答："作为一个君子，我并非为了谋求官职而算计。我追求的是立德立言，为国家和人民尽忠尽职。如今我年事已高，衣食无忧，但能力有限，对于现在的职位已经感到受之有愧，更何况更高的职位呢？如果占着高位却无所作为，那只会被天下人耻笑。"

听了他的话，众人对王僧虔的敬意更加深厚。出于他的高尚品德和谦逊态度，后人将他视为学习的楷模。

进退之道

在任何情况下，在任何权力下，都要保持一颗平静的心，不被功名利禄诱惑，找到适合自己的位置。不占据要职却碌碌无为，就可以卸下一些负累，免受他人的猜忌，不仅保全了自己，还可以让他人更加敬重。如此，便可以成为真正的君子。

不居功，就无所谓失去

原文

圣人处无为之事，行不言之教。万物作而弗始，生而不有，为而不恃，功成而弗居。夫唯弗居，是以不去。

——《道德经》

译文

圣人用无为的观点对待世事，用不言的方式施行教化，听任万物自然兴起而不为其主宰，创生一切却不占有，有所作为却不自恃，功成业就而不自居。正由于不居功，就无所谓失去。

典故趣读

唐朝的李泌，堪称政治奇才，他多次为唐廷解围，立下赫赫功绩。唐玄宗有意授他官职，他却婉言谢绝，于是玄宗只好让他与太子结为知己。太子对他极为尊重，从不直呼其名，而是尊称他为“先生”。

尽管名震四方，李泌却从不骄傲自满，反而向往隐逸生活，刻意隐藏自己的才华。天宝年间，眼见天下大乱，他毅然出山，为朝廷出谋划策。然而，由于遭到杨国忠的嫉妒，他又选择了隐居山林。

安史之乱爆发后，唐肃宗即位，急召李泌商议国事。肃宗有意封他为官，李泌再次推辞，表示能与皇帝相交已属幸事，无须更多虚名。但肃宗深知他的才华，坚持要授他官职。最终，李泌被任命为银青光禄大夫，虽非宰相，却手握实权。

李泌不仅为肃宗出谋划策，还劝他节俭治国、不计前嫌、选贤任能。在他的辅佐下，唐肃宗成功收复了长安和洛阳。然而，当局势稳定后，李泌再次提出归隐。肃宗虽极力挽留，但他最终还是说服了皇帝，隐居衡山。

到了唐代宗时期，唐廷再遇危机，代宗又请李泌出山。尽管代宗有意拜他为宰相，但李泌依旧婉拒。代宗无奈，只好在宫中为他建造书院，每逢军国大事都向他请教。李泌虽无宰相之名，却有宰相之实。然而，每当局势好转，他又会悄然离去，继续他的隐逸生活。

进退之道

人生在世，名利虽好，却非长久之计。真正的智者，懂得在适当的时候收敛锋芒，保持内心的平静与淡泊。他们明白，功名利禄不过是过眼云烟，唯有内心的宁静与满足才是永恒的追求。

因此，我们应该学会在追求成功的同时，保持一颗平常心，不被名利所累，不被虚荣所惑。只有这样，我们才能在人生的道路上走得更远、更稳健、更从容。

处进思退，是一种大智慧

原文

进步处便思退步，庶免触藩之祸；着手时先图放手，才脱骑虎之危。

——《菜根谭》

译文

当事业正处顺境而趋于鼎盛期，应该及早做抽身隐退的准备，以免将来进退维谷无法脱身；当刚开始做一件事时，就应当预先计划好在什么情况下罢手，以后才不至于招致危险。

典故趣读

曾国藩，这位清朝的杰出政治家与军事家，在镇压太平天国起义的硝烟中崭露头角。他编练湘军，在八旗军束手无策之际挺身而出，力挽狂澜。因此，在1861年11月，他得以统帅江苏、安徽、江西、浙江四省的军政大权，四省的督抚以下文武官员都归他节制，他也因此成为有清以来权力最重的汉族官僚。

太平天国起义被平定后，曾国藩被封为毅勇侯，荣耀与权力集于一身。然而，他并未因此沾沾自喜，反而保持着清醒的头脑，时刻警惕着可能的风险。

随着地位的不断提升，他并未迷失自我，反而感到更加惶恐。他担心的不是如何享受现有的成就和名利，而是害怕因功高震主而引来猜忌，甚至遭受兔死狗烹的悲惨命运。为此，他写信给弟弟曾国荃，劝诫他若有机会，应尽早抽身而退，以善始善终，避免大祸。

曾国藩深知，太平天国起义被平定后，清廷对他的猜忌之心已起。他手握重兵，让朝廷难以驾驭，这自然引起了大臣们的警觉。他明白，若让朝廷来处理这个问题，湘军的前途和自己的命运都将岌岌可危。

于是，他主动上奏清廷，请求裁汰湘军。他坦诚地表示，湘军已失去往日的锐气，且沾染了旧军队的恶习，因此需要遣散。这一举动旨在向朝廷表明，他无意拥兵自重，更非野心家，而是忠诚于清廷的卫士。

在奏折中，他对于自己的去留问题却避而不谈。他深知，若请求留在朝廷，可能会引起上峰的猜忌；若请求解职归乡，则可能被认为是在居功要挟或不愿继续为朝廷效力。

正当朝廷为如何处理湘军及曾国藩而头疼时，他的主动请求正中统治者下怀。于是，大部分湘军被遣散，而曾国藩则被委任为两江总督，继续为清政府效力。

这正是曾国藩所期望的结果。他深谙处进思退之道，这并非舍弃人生的主流，也非强求脱俗。它其实是一种率直的生活理性，一种看似平淡却真挚的人生态度。

进退之道

在事业得意之时，应转思退步，这既是一种见好就收、豁达大度的胸怀，更是一种洞察利害、以退让韬晦来谋求祸福转化的智慧。这种达观的态度要求我们对利害祸福有高瞻远瞩的视野，不执着于一时的得失。而要做到处进思退，有时不仅需要智慧，更需要有壮士断腕的勇气，敢于付出代价。

为人谦卑退让，便可安身立命

原文

进退盈缩，与时变化，圣人之常道也。

——《史记》

译文

进退伸缩，符合时势的变化，这是圣人恪守的常理。

典故趣读

郭子仪，唐代杰出的政治家、军事家，爵封汾阳王，其王府坐落于繁华的长安城亲仁里。自汾阳王府竣工之日起，便敞开大门，欢迎四方来客自由进出。郭子仪甚至严令府中人等，对来访者一律不得阻拦或询问。

某个晴朗的日子，郭子仪麾下的一位得力干将因工作调动，特来王府辞别。他深知郭府的开明风气，因此毫无顾忌地穿过前厅，直入内室。出乎意料的是，他目睹了郭子仪夫人与女儿正在梳妆，而郭子仪本人则在一旁殷勤侍候，宛如一个忠实的仆人。这一幕虽令他暗自讶异，却未敢表露。回家后，他将此番见闻分享给家人，消息不胫而走，很快成为长安城中的笑谈。

郭子仪对此一笑置之，但他的儿子们却感到颜面尽失。他们聚集一堂，恳求父亲关闭王府大门，以维护汾阳王府的尊严。面对子女们的请求，郭子仪却放声大笑，引得儿子们纷纷下跪，含泪相劝。其中一位儿子情真意切地说："父亲，您一生征战沙场，功勋卓著，天下人无不敬仰。然而，您却如此轻贱自己的身份，任由他人自由出入内宅，这实在有损您的威严。即便是古代的贤相伊尹、大将霍光，也未曾如此啊。"

听到这番肺腑之言，郭子仪逐渐收敛了笑容，他深情地望着子女们，语重心长地说道："我敞开大门，并非为了炫耀自己的功绩或追求虚名，而是为了保护我们全家人的安全。"

儿子们惊愕不已，纷纷询问其中缘由。郭子仪长叹一声，缓缓道出他的担忧："你们只看到了郭家的权势和地位，却未察觉到这背后潜在的危险。我已位极人臣，封无可封。月满则亏、水满则溢的道理你们应该明白。如今朝廷仍需我效力，隐退并非易事。更何况，即便隐退，也难以找到一个能容纳我们千余口人的安身之所。在这种情况下，如果我们紧闭大门、断绝与外界的联系，那么一旦有人与我们结怨，在皇帝面前诬陷我们心怀不轨，便会有小人趁机落井下石、制造冤案。到那时，我们郭家恐怕将面临灭顶之灾啊。"

郭子仪的这番话让儿子们恍然大悟，他们终于明白了父亲的良苦用心。从此以后，他们更加敬重和支持父亲的决定，共同守护着郭家的安全与荣耀。

进退之道

在权势显赫之时，郭子仪选择以退为进，用谦卑和开放来化解潜在的危险。这告诉我们，在人生巅峰时刻，更应保持清醒和谨慎，以退让之姿保护自己和家人。月满则亏，水满则溢，这是自然的法则，也是人生的智慧。郭子仪的谦卑退让，不仅为他赢得了人们的尊重和信任，更为他的家族带来了长久的安宁与繁荣。这种以柔克刚、以退为进的智慧，值得我们深思和学习。

退亦有道

知足是大智慧，知止是大境界

过早崭露头角，容易过早衰退

原文

伏久者，飞必高；开先者，谢独早。

——《小窗幽记》

译文

伏藏已久的事物，一旦露出锋芒，必然一飞升天；过早被开发的事物，衰退得也更早。

典故趣读

金溪有个人名叫方仲永，家中世代以耕作为生。仲永五岁时，还不曾认识笔墨，有一天却突然哭喊着索要这些书写工具。他的父亲十分诧异，便向邻居借来笔墨给他。仲永即刻提笔写下一首诗，是关于赡养父母、团结宗亲的，写完后还署上了自己的名字。邻居们非常惊讶，甚至乡里的秀才也都跑来欣赏他的诗作。

从此，随便指定一事一物让仲永作诗，他都能脱口而出，而且很有文采，逻辑也十分畅通。同乡都觉得很惊奇，渐渐地对他的父亲也尊敬起来，有的人还出资购买仲永的诗。方仲永的父亲认为有利可图，便带着他四处走访，不让他学习。

如此一来，方仲永到了十二三岁时，写出来的诗已大不如从前。又过了七年，他的才能已然磨灭殆尽，同普通人没什么两样了。

进退之道

人生的成功并非一蹴而就，而是需要长时间的积累和沉淀。仲永虽然天赋出众，但由于缺乏后天的努力和学习，他的才华最终未能得到充分的发挥。而那些伏久者，比如姜太公、诸葛亮，他们虽然起初默默无闻，但他们懂得持之以恒地学习和积累，不断提升自己。因此，当他们终于迎来飞升的机会时，便能够飞得更高更远。

过于追求结果，反会失去更多

原文

如今休去便休去，若觅了时无了时。

——《小窗幽记》

译文

只要眼下可以停歇，一切都将终止，如果非要等到所有事情都了结时才想着终止，便永远没有真正结束的时候。

典故趣读

严光是东汉时期著名的隐士，本姓庄，因避汉明帝刘庄名讳而改姓严。王莽篡汉时，严光在长安遇到刘秀，两人同受业尚书，成为知己好友。当时刘秀贫寒低微，能够与严光做朋友令他十分自豪。后来刘秀起兵反抗王莽，严光鼎力相助。

新莽地皇四年（23），王莽被杀，刘秀犹豫何时登位做皇帝。前将军耿纯说："天下的士大夫们舍弃了亲人，离开了故土，跟随大王您投身于战火硝烟之中，他们的打算本来就是希望能够攀附到龙鳞，依附于凤翼，以此来实现他们的志向和抱负。”言外之意，刘秀还是该尽快登位以安抚这些人。然而，严光却对攀龙附凤丝毫不感兴趣。更始三年（25）六月，刘秀做了皇帝，定都洛阳，而严光则急流勇退，改名换姓，不知隐身何处了。

刘秀登基后，十分想念严光，命人到处找寻严光的下落，并绘制肖像到处张贴。建武五年（29），有人奏报，看见一男子身披羊裘在水边垂钓。刘秀知道这就是严光，忙准备礼物，将他请到洛阳宫中，当面加封严光为谏议大夫。

严光没有表态，只是回到富春山中，继续过着临泽垂钓的生活，似乎从前的一切已经终止、远去，与他再无关系了。

进退之道

何事难以终止呢？最难终止的恐怕就是人心中的欲望吧！无尽的烦恼是由无尽的欲求产生的，将妄求之心歇下，寄情于山水之间，仔细看一看这美好的大千世界，不是比追名逐利更好吗？

有时候，我们过于追求某个结果或状态，反而会失去更多。如果我们一直执着于追求某个目标，而忽略了沿途的风景和体验，那么即使最终达到了目标，也可能会感到空虚和失落。因此，我们需要学会放下执着，珍惜当下的每一个瞬间，享受生活的每一个过程。

真正的满足，全都发自内心

原文

人只把不如我者较量，则自知足。

——《小窗幽记》

译文

人们只要与不如自己的人进行比较，内心就会知足了。

典故趣读

在曲阜孔府东邻，有一座气势恢宏的建筑——复圣庙，供奉的是孔子的首席弟子颜回，所以后人也称之为“颜庙”。

孔子治学讲究有教无类，不问贫富出身，只要肯学，他就都招进门。在众多弟子中，颜回是孔子最欣赏的学生，同时也是最贫寒的学生。

一天，孔子把颜回叫来，对他说：“回，你这样贫困又没有地位，为什么不去追求仕途呢？”孔子治学的目的本就是培养出能够安邦定国的英才，“学而优则仕”，所以他希望优秀的学生们都可以走上仕途，为国出力。论人品和德行，颜回都是非常出类拔萃的，只要他愿意，进入官场简直轻而易举，同学中许多资质不如他的人都已经做官了。

颜回答道："我不想做官。在城外我有五十亩地，所得的粮食足够我喝稠米粥了。另外还有十亩桑田，产出的桑麻也足够我穿衣所用。我闲暇时弹琴自娱，又能从您这里学到足够多的道理。我吃、穿、乐一应俱全，已经很满足了，所以不想做官。"

孔子赞许地说："我曾听说'知足者不以利自累也，审自得者失之而不俱，行修于内者无位而不怍'，今日竟在你身上验证了，真是我的一大收获啊！"

进退之道

知足才能常乐，比上不足而比下有余，从某一角度看是不求上进的自我安慰之说，然而从另一角度来看，又何尝不是一种快乐呢？人如果能体会到自己本来无所欠缺，自然就可以在心灵上获得巨大的满足。真正的满足是发自内心的，而物质的满足只会让人越来越不知足。

君子进退之间，当以大义为先

原文

君子喻于义，小人喻于利。

——《论语》

译文

君子明白大义，小人只知道小利。

典故趣读

汉献帝初平四年（193），占据兖州的曹操派遣泰山太守应劭前往琅琊，迎接他的父亲曹嵩及家人到兖州。然而，在途经徐州时，徐州牧陶谦为了与曹操交好，特地派遣都尉张闿护送曹嵩一行人。不幸的是，都尉张闿为了财物，杀害了曹嵩及其家人后逃之夭夭。曹操因此将责任归咎于陶谦，打着为父报仇的旗号，出兵攻打徐州。

面对曹操大军的压境，陶谦感到难以抵挡，于是采纳了糜竺的建议，向北海相孔融和青州刺史田楷求援。孔融则进一步邀请了刘备共同救援陶谦。刘备欣然应允，带领着关羽、张飞、赵云以及数千兵马急速赶往徐州。

刘备率领的军队在徐州城下与曹军进行了初步交锋，虽然初战未能取胜，但成功缓解了徐州城的危机。陶谦因此急忙将刘备迎入城内，并设宴款待。

在宴席上，陶谦出人意料地提出将徐州交给刘备管理，他恳切地对刘备说：“如今天下大乱，你作为汉室的后代，应该为国出力。我老了，没有能力再管理徐州，愿意把徐州交给你，请不要推辞。我会写奏章向朝廷申报。”

刘备听后非常惊讶，连忙推辞：“虽然我是汉室后代，但我的功德还不足以担任如此重任。此次前来助您，我只是出于义气。您这样说，难道是怀疑我有并吞徐州的野心吗？”

陶谦真诚地回答：“这是我发自内心的想法，绝无虚言。”然而，刘备始终推辞，不肯接受。

麋竺见两人互相推辞，便建议说：“现在大敌当前，我们应该先商议如何退敌。等事情平息后，再讨论转让徐州的事也不迟。”

于是，刘备写信给曹操，希望他能够以国家利益为重，撤回围攻徐州的军队。恰巧此时，吕布攻占了兖州，进入濮阳，威胁到了曹操的后方。曹操于是顺水推舟，接受了刘备的建议，撤军而去。

陶谦见曹军已退，徐州的安全得到了保障，便邀请刘备、孔融等人进城聚会，庆祝徐州解围。

宴会结束后，陶谦再次向刘备提出把徐州交给他管理。

刘备依然拒绝：“我是应孔融的邀请来救援徐州的，如果我无缘无故地占据徐州，天下人会认为我是不义之人。”

糜竺、孔融和关羽等人都纷纷劝说刘备接管徐州，但刘备坚决推辞说："你们难道想让我陷入不义的境地吗？"

陶谦见刘备始终不肯接受，便提议说："那请您暂时驻扎在附近的小沛，保护徐州的安全，如何？"众人都赞同这个提议，并劝说刘备留在小沛，刘备这才勉强同意。

不久之后，陶谦病倒了，病情日益严重。他派人以商议军务为借口，将刘备从小沛召到徐州。

陶谦躺在病床上对刘备说："这次请您来，不为别的事，只因为我已病入膏肓，生命危在旦夕。我希望您能以汉朝的城池为重，接受徐州的印信，这样我死也瞑目了！"

刘备说："可以让您的两位公子来接管徐州。"

陶谦说："他们都不能胜任这个职位。我死后，还希望你能多多教导他们，千万不要让他们掌握徐州的大权。"刘备仍然推辞不受，陶谦便指着自己的心口而死。

陶谦死后，徐州的军民都极力拥戴刘备掌管徐州大权，关羽和张飞也再三劝说他接受。直到这时，刘备才同意接管徐州大权，担任徐州牧的职位。他不仅因此博得了仁义忠厚的名声，还赢得了民心。

进退之道

刘备三让徐州，而后又接受，其中蕴含的正是深思熟虑的进退策略。起初，徐州犹如烫手山芋，四邻虎视，内忧外患，刘备深知此时进则可能陷入困境，因此他选择退，三次推辞，这既体现了他的谦逊，更是一种策略性的回避。

然而，时机成熟时，刘备又能够准确捕捉。陶谦逝世后，内外环境发生变化，徐州军民真心拥戴，此时刘备选择进，接管徐州，这体现了他的果断和胆识。进退之间，刘备展现了极高的政治智慧和战略眼光。

人生亦是如此，面对选择和机遇，我们要有清晰的判断，知道何时进、何时退。进时，要有勇气和决心，勇往直前；退时，要有谦逊和耐心，静待时机。进退有度，方能在人生的道路上稳步前行。

见利思害，方能稳步前行

原文

智者见利而思难，暗者见利而忘患。思难而难不至，忘患而患反生。

——《刘子·利害》

译文

明智的人在看到利益时，会思考可能出现的困难；而愚昧的人只看到利益，却忘记了可能带来的祸患。那些能够思考并预防困难的人，往往能够避免困难的发生；而那些忘记忧患的人，反而更容易陷入困境。

典故趣读

唐建中二年（781），成德李惟岳、淄青李正己、魏博田悦与山南东道梁崇义四镇节度使联手反叛唐朝，引发了一场震动天下的“四镇之乱”。

为了平定这场叛乱，唐德宗李适迅速下令集结兵马，进行平叛。

782年，唐河东节度使马燧、昭义节度使李抱真以及神策先锋李晟两度大败田悦军。田悦在遭受重创后，仅率残部逃回魏州，坚守城池以自保。马燧随即包围魏州，但久攻不下。与此同时，朝廷命幽州

节度使朱滔进攻成德李惟岳的军队。

李惟岳在战败后逃回恒州，然而，他的部将王武俊却杀了他，转而投降朝廷。山南东道梁崇义、淄青李纳（当时李正己已死，其子李纳接管军务）也相继被朝廷军队击败。梁崇义投水自尽，而李纳则向朝廷上书，表示悔过自新。这一系列的胜利使得整个平叛战局对朝廷极为有利。

然而，胜利的喜悦并未持续太久。一些有功的节度使开始争夺封地，其中王武俊和朱滔认为朝廷的分封不公，心生不满。困守魏州的田悦得知此事后，趁机派遣使者进行离间。朱滔和王武俊本就心怀异志，三方一拍即合，于是三镇再次联合反叛唐朝。

782年初夏，朱滔和王武俊率军前往魏州救援田悦。当他们的军队抵达魏州时，魏州人民欢声雷动，田悦更是备酒肉出城迎接。然而，就在此时，朝廷派来增援马燧的朔方节度使李怀光也率领一万五千名步骑兵赶到魏州城外。马燧率领将士列队欢迎，两军对峙。

朱滔见李怀光率军前来，立即出阵迎战。李怀光虽然勇猛，但缺乏谋略，他想趁朱滔和王武俊的营垒尚未建立之际发动攻击。然而，马燧却建议让将士们先休息，待观察清楚敌情后再战。

李怀光固执己见，认为等待对方立好营垒将后患无穷，不可错过当前的大好时机。于是，他挥军出战。

两军交战之初，李怀光军勇猛冲杀，斩杀叛军步卒千余人，朱滔被迫败退。然而，李怀光却因此变得骄傲自满，他骑在马上观望战场，任凭士卒们窜入朱滔军营争掠财物。就在这时，王武俊率领两千名骑兵突然横冲过来，将李怀光军一分为二。朱滔也趁机引兵反击。李怀光军大败，被逼入永济渠，许多人溺死或被挤踏而死，尸体堆积在渠中，导致渠水断流。马燧想要出兵相救已经来不及，只能命令本军严密守住营垒，才免于同时溃败。

当晚，叛军又放水截断官军的粮道和退路。第二天，道路中水深达三尺，官军被困。马燧大惊失色，被迫派人向朱滔等人求和，承诺遣返诸节度使的军权，并向唐皇保奏让朱滔统辖整个河北。官军撤兵后，同年十一月，朱滔、王武俊、田悦宣誓结盟，推举朱滔为盟主，称冀王；田悦称魏王；王武俊称赵王；李纳称齐王。至此，唐廷的这次平叛行动以失败告终。

李怀光因见利忘害而败于魏州，他的失败充分说明了不能因小利而忘大害的道理。在这场平叛战争中，他因贪图一时的胜利而丧失了警惕，最终导致了全军覆没的悲剧。

进退之道

趋利避害，实乃人之常情，无论贤愚都无可避免。其间的差异，仅在于趋利避害的方式与智慧。愚者常被眼前的微利所惑，忘却背后可能潜藏的大祸，只见其利，不见其害。而智者则不然，他们看到名利时，总会深思其潜在的风险。铭记灾害，则灾害自远；忽视灾害，则灾害必至。

人当警惕眼前之利，更不可因小利而失大节。成功之路上，有所舍方有所得，怎么能期待坐享其成呢？虽知小利之后或有大害，但临事之际，往往难以割舍那微不足道的利益，其后果又如何呢？

从古至今，唯有明辨是非、洞察利害者，方能克制本性，见利思害。此等境界，实非易事。要想兴利除害、趋利避害，就要有坚忍不拔的精神。因此，我们当以史为鉴，明辨是非，不为小利所动，坚守做人的本分。唯有如此，方能在人生旅途中稳步前行，远离灾害，收获真正的幸福与成功。

少争谦德，少招妒忌

原文

节义之人济以和衷，才不启忿争之路；功名之士承以谦德，方不开嫉妒之门。

——《菜根谭》

译文

一个崇尚节义的人，对世事的看法容易偏激，要增添些相互理解的温和想法加以调节，才不会走上跟人发生意气之争的路子；一个功名事业有所成就的人，要有谦恭的美德，才不会闯开嫉妒的大门。

典故趣读

春秋时期，郑庄公为了即将到来的伐许之战，特意在国都举办了一场选拔赛，意在挑选出最出色的先行官。消息一出，将士们群情激昂，每个人都摩拳擦掌，渴望在这场比赛中崭露头角，展现自己的英勇。

首先进行的是传统的击剑比赛，参赛的将士们各展所长，剑光闪烁，经过几轮激烈的较量，最终选出了六名佼佼者。紧接着，这六人又进入了射箭比赛的环节。规则很简单：每人射三箭，射中靶心者即为胜者。然而，颍考叔和公孙子竟然射得一样准，难分伯仲。面对这样的局面，郑庄公只好决定让他们再进行一场比赛，以决出最终的胜者。

这一轮比赛更是别出心裁。庄公命人拉出一辆战车，让两人站在距离战车百步之外的地方，谁先抢到战车，谁就是胜者，也就是即将出征的先行官。

公子孙对这场比赛似乎信心满满，他轻蔑地看了颍考叔一眼。然而，就在公子孙奔跑的过程中，他意外地跌了个跟头。等他起身时，颍考叔已经抢先一步抢到了战车。

公子孙心有不甘，提出要再夺一次战车，但颍考叔不等他反应过来，拉起战车就跑。庄公见状，立刻下令阻止比赛，并宣布颍考叔为先行官。公子孙听到这个结果，既失落又愤怒，对颍考叔心生怨恨。

战争爆发后，颍考叔不负众望，在攻打许国都城时，他身先士卒，高举大旗，率领将士们攀上云梯，直冲城头。就在即将取得胜利的关键时刻，公子孙却趁颍考叔不备，用箭射中了他。就这样，英勇无畏的颍考叔倒在了血泊之中。

进退之道

做人不可恃一己之长以待人接物，不能因一方面的优点就忽视随之而来的另一方面的不足。节义之士性格刚强，看问题就可能偏激。就刚强言是长处，就激烈言是短处。为了取长补短，平日要养成温和的处世态度，注意缓和激烈的个性，与世无争才能与人维持良好的关系。有身份、地位的人做人更应注意树大招风、功大招忌的道理，保持一种谦恭和蔼的态度，才能维护功业的长久。做人不论处于什么位置都应谦和谨慎，避免人际无情的纷争，腾出精力做自己应做的事情。

知足是智慧，知止是境界

原文

名与身孰亲？身与货孰多？得与亡孰病？是故甚爱必大费，多藏必厚亡。故知足不辱，知止不殆，可以长久。

——《道德经》

译文

声名和生命相比哪一样更为亲切？生命和钱财比起来哪一样更为贵重？获取名利和丢失生命相比，哪一个更痛苦？过分的爱名利就必定要付出更多的代价；过于积敛财富，必定会招致更为惨重的损失。所以说，懂得满足，就不会受到屈辱；懂得适可而止，就不会遇见危险。这样才可以保持长久的平安。

典故趣读

清朝著名大臣张廷玉，身居高位，历任大学士和军机大臣，然而他从不利用自己的权势为子女谋取利益，只希望他们知足常乐。

张廷玉的长子学业出众，经过层层选拔，终于在雍正十一年

（1733）三月参加了殿试。试卷经过大臣们的审阅后，被密封呈给雍正皇帝亲自裁定。当雍正读到第五本试卷时，被那规整的字迹和深刻的内容所吸引，觉得字里行间充满了忠诚与智慧，颇有大将之风范，于是将这份试卷定为探花。后来拆开试卷，大家才知道这位考生竟是张廷玉的长子。

雍正皇帝对此十分高兴，他称赞道："身为大臣之子，能始终保持忠君爱国的志向，将来必定能为国家做出贡献。想到张廷玉一直忠诚于朝廷，矢志不渝，他的儿子能如此出色，真是德才兼备啊！"为了将这个好消息告诉张廷玉，雍正立刻派人通知了他。

然而，张廷玉得知后并没有过分喜悦，他立刻面见雍正，表示自己已经是朝廷重臣，儿子再得探花有些不妥。雍正解释说他并非顾及张廷玉的面子才给其子探花，而是其子确实有此才能。但张廷玉仍坚持推辞，他认为天下有才之人众多，自己已在朝为官，已感皇恩浩荡，儿子能得二甲便心满意足。

张廷玉深知一甲与二甲的区别，但他更希望给儿子一个奋进的机会，因此坚持请求将儿子定为二甲。雍正起初以为他是谦虚，但张廷玉坦诚表示，他们全家已受皇恩多年，不如将这样的机会留给寒门子弟，让他们也有更多机会。雍正见张廷玉请辞恳切，只好同意他的请求。

发榜时，雍正还特别表彰了张廷玉懂得谦让的美德，称赞他品格高尚。

进退之道

张廷玉身为朝廷重臣，却能淡泊名利，不以权势为子女谋私利，体现了“名与身孰亲”的自省。他深知名利与个人品德相比，后者更为重要。当其子本可凭借真才实学获得探花之位时，张廷玉却选择推辞，不愿因一己之私而妨碍他人，这正体现了“身与货孰多”的选择，他选择了道德和公正，而非一时的荣耀和利益。

张廷玉明白，过分的赞誉和权势可能会成为负担，甚至带来灾难。因此，他选择了适度，避免了“甚爱必大费，多藏必厚亡”的结果。他教导子女知足常乐，不贪图过多，这正是“知足不辱，知止不殆”的实践，通过自我约束和适度追求，保持了个人的尊严和安全。

张廷玉的故事告诉我们，在进取与退让之间，我们应该找到平衡，懂得知足常乐，懂得适可而止。无论我们身处何种地位，都应保持清醒的头脑，不失本心，不被名利所困，这样才能进退自如。

趋炎附势之人，难逃凄凉一生

原文

栖守道德者，寂寞一时；依阿权变者，凄凉万古。

——《小窗幽记》

译文

恪守道德规范的人，就算寂寞也只是一时的；趋炎附势的谄谀之人，他们的内心则会凄凉一生。

典故趣读

西晋时期，有个人叫潘岳。他才华盖世，擅长诗赋，与陆机齐名，后人称他们为“潘陆”。

当时，晋惠帝司马衷是个愚君，导致大权落在皇后贾南风手里。贾皇后的亲党遍布朝野，她极力地提拔亲属，委任其外甥贾谧为散骑常侍、后军将军。渐渐的，贾谧权势滔天，不可一世。

潘岳虽然拥有不世出的才华，却是个趋炎附势之人。他和大富豪石崇一起向贾谧献媚，屡屡奉承，每次看见贾谧的车驾扬起的尘土，都会把自己的车停在路边，望尘而拜，极尽讨好之能事。

如此攀附终于换来了“回报”，贾谧通过贾皇后，任命潘岳为著作郎、散骑侍郎，后又做了给事黄门侍郎。潘岳还是不满足，依旧大行阿谀权贵之事。

潘岳的母亲看不惯儿子趋炎附势，屡屡训斥道：“你已经成了给事黄门侍郎，应该知足了，为什么还要如此奴颜婢膝呢？”但是，潘岳听不进母亲的劝告，还是会对着贾谧的车子望尘而拜。

贾皇后专权十年后，西晋王朝发生了“八王之乱”。贾皇后和贾谧都死于赵王司马伦之手。司马伦的亲信、中书令孙秀曾是潘岳府中的书吏，因遭受过潘岳的殴打而怀恨在心，见潘岳失去靠山，就趁机报复，诬指潘岳为乱党，判了他死刑。

临刑前，潘岳和母亲诀别，才痛悔自己不听劝告，而一切已经晚了。

进退之道

坚守道德虽然可能会让我们暂时寂寞，甚至遭受误解和打压，但这是我们内心真正的安宁和尊严所在。而依阿权变，虽然可能会带来一时的风光和荣耀，但最终只会让我们陷入凄凉和悔恨之中。

在人生的道路上，我们应该时刻保持清醒的头脑，坚守自己的道德底线，不为权势所屈，不为利益所诱。只有这样，我们才能真正赢得他人的尊重和信任，也才能在人生的道路上走得更加坚定和自信。

越是聪明人，越要懂得收敛

原文

聪明勿使外散，古人有纩以塞耳，旒以蔽目者矣；耕读何妨兼营，古人有出而负耒，入而横经者矣。

——《围炉夜话》

译文

越是聪明的人，就越要懂得收敛，古人曾经用棉花塞上耳朵、用帽檐遮掩头部，以此掩饰自己的英明。而耕种和读书二者可以兼顾，古人白天耕种，晚上则手执经卷阅读，同样学有所成。

典故趣读

秦始皇十分器重手下老将王翦，在兼并六国的战争中，眼看着楚军的顽抗，使得秦军支撑不住了，王翦却早已辞职在家。

秦始皇为了扳回战场的劣势，便亲自邀请王翦再度出山。而王翦选择隐居在家，并非淡泊名利，而是明白秦始皇是个多疑而冷酷的人，一旦自己率领的兵马过多，战功越是显赫，就越有功高震主之嫌，反而会遭到他的迫害。但是秦始皇亲自来请，又却之不恭，于是王翦故意装作与世无争的样子，向秦始皇提出了条件，就是灭亡楚国以后，一定要赏赐给自己尽可能多的田园、财产和佃户，让自己的晚年衣食无忧。

秦始皇一看王翦只惦记着这些东西，便很放心地将朝中六十万大军全部交给王翦指挥。在前线作战的时候，王翦还派遣信使一遍遍地催促嬴政，早日兑现诺言，多给自己养老的东西，使得秦始皇在朝堂中，疑虑之心越来越小。

王翦率军攻破楚国后，功成不居，返回乡里安度余生，凭借秦始皇送他的家产，后半生一直都很幸福。

进退之道

在快节奏的现代社会中，我们往往容易迷失在名利和权力的追逐中，忽视了内心的平静与安宁。我们应该学习王翦的智慧，既要努力追求事业的成功，又要懂得适时地放慢脚步，回归生活的本质。同时，我们也要学会隐藏自己的锋芒，避免因为过于张扬而引起他人的猜忌和嫉妒。

聪明并不意味着要处处显山露水，而是要学会在适当的时候收敛自己的光芒；成功也不仅仅在于功成名就，更在于能够保持内心的平静与满足。只有这样，我们才能在复杂纷繁的人生道路上，走得更远、更稳。

进退相宜

攻守兼备，能屈能伸，大事可成

入世之人当有雄心，出世之人当有素心

原文

闻鸡起舞，刘琨其壮士之雄心乎；闻筝起舞，迦叶其开士之素心乎？

——《小窗幽记》

译文

刘琨一听到鸡鸣就起来练习功夫，所表现出来的是壮士的雄心；迦叶听见筝声便开始跳舞，所表现出的是一颗禅心。

典故趣读

祖逖，字士雅，河北范阳遒县（今河北涞水）人，他是东晋初期全力支持北伐并一直希望收复中原地带的大将。他的父亲名叫祖武，曾经担任过上谷（今河北怀来县）太守。

父亲去世的时候，祖逖年纪还很小，他的起居生活都是由他的几个哥哥一起负责照顾的。祖逖从小性格就很活泼、开朗，是个不安分的孩子，一天到晚到处跑，一刻也不歇着。

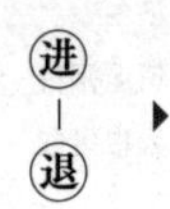

到了十四五岁的时候，他读的书还很少，对此，他的哥哥们都感到很忧虑，生怕他不能有一个好的前途。但他有一个很大的优点，那就是为人光明磊落，对朋友非常讲义气，好打抱不平，因此街坊邻居对他的评价都很高。

到了青年时代，祖逖终于意识到自己知识的贫乏，明白了想要报效国家必须多读书的道理。于是，他开始发奋读书，广泛阅读各种书籍，认真学习历史，学问大有长进。后来，他多次去当时的京都洛阳，慢慢地，人们都知道祖逖是一个能够辅佐帝王治理国家的人才。

刘琨，字越石，中山魏昌（今河北无极）人，西晋时期著名将领。他是汉朝中山靖王的后人，容貌清秀俊美，年少时就凭借自身的文采在京都洛阳有了很大的名声，被当时的人们称作“洛中奕奕，庆孙越石”。同时，他还是当时以成员都是才子而闻名天下的文学政治团体“金谷二十四友”中的一员，他在团体中的年龄最小，所以排名最后。

祖逖和刘琨从小就是很好的朋友。后来，他们有幸一起在司州担任主簿。儿时交好的两个人感情变得更加深厚了，而且他们都想建功立业，并有着共同的远大理想，那就是复兴晋国，成为国家的栋梁。因此，他们二人常常同床而卧，同被而眠，一起讨论国家大事。

一天夜里，熟睡中的祖逖在睡梦中突然听到了公鸡的鸣叫声，他很奇怪，于是起床叫醒刘琨，问他：“你听见公鸡鸣叫了吗？”刘琨说：“在半夜听见鸡叫很不吉利。”祖逖说：“我认为不是这样的，公鸡鸣叫是在催促我们抓紧时间建功立业，不要荒废年华了。所以，我们以后一听见鸡叫就起床来练剑吧，你说怎么样？”刘琨欣然同意。

从此以后，每天公鸡一鸣叫，他们就开始起床练剑。日复一日，年复一年，他们一直坚持着，从未中断过。

功夫不负有心人，经过长时间刻苦的学习和训练，他们的武艺和学识都得到了很大的提高，成为当时有名的文武双全的人才。

最终，祖逖被封为镇西将军，所率领的部队纪律严明，深受各地百姓的爱戴，并在数年之内收复了黄河以南的大片土地。刘琨将自身的才华充分地发挥了出来，掌管着并、冀、幽三个州的军事，被封为征北中郎将，终于实现了报效国家的愿望。

同“闻鸡起舞”的雄心壮志相似，“悬梁刺股”也是勤奋刻苦的典范。

东汉时期，有一个著名的政治家名叫孙敬。他年轻时非常勤奋好学，经常把自己关在家里读书。从早晨到晚上，他一直都在读书，甚至已经到了废寝忘食的地步。读书的时间太长，他感到十分劳累，仍然不肯休息。

最后，他实在坚持不下去了，困得一直打瞌睡。为了可以继续读书学习，他想出了一个常人难以想象的方法。他拿了一根绳子，将绳子的一头绑在自己的头发上，另一头绑在房梁上。

这样，每当自己因为疲惫想要打瞌睡时，头一低下，绳子就会拉扯自己的头发，这样疼痛就会让自己变得清醒一点，就能够继续专心读书了。这便是“头悬梁”的典故。

苏秦，战国时期著名外交家、纵横家，他年轻时去过很多地方做事，但都因为他没有太多学问而不被重视。回家后，家人也没有给他好脸色，都十分冷漠地对待他。这让苏秦很受打击，于是，他决心发奋读书。

从此以后，他每天都读书到深夜，瞌睡了就用锋利的锥子在自己的大腿上刺一下。通过这种猛然间的疼痛来使自己保持清醒，之后就可以继续坚持读书了。最终，苏秦获得了成功，成为当时鼎鼎大名的人物。这便是“锥刺股”的典故。

进退之道

入世之人当有雄心，出世之人当有素心。雄心与素心，都并非只言片语便能表现出来的，需有实际作为。不论是“闻鸡起舞”还是“悬梁刺股”，都是受心灵深处一种永不衰竭的动力所驱使。可见，唯有坚持不懈，方能有所收获。

容人所不能容，处人所不能处

原文

我之大贤与，于人何所不容？我之不贤与，人将拒我，如之何其拒人也？

——《论语》

译文

如果我是十分贤良的人，那我还有什么样的人不能容呢？如果我自己就不够贤良，那人家自然会拒绝我，又怎么轮得上我拒绝人家呢？

典故趣读

公元前606年，楚庄王率领大军剿灭了叛党，回到郢都之后开了一个声势浩大的庆功会，宴会名为“太平宴”。君臣兴致都很高，从白天一直喝到晚上，仍觉得不尽兴。

天色渐暗，外面刮起了大风，好像马上要下雨的样子。可此时的宴会大厅中灯火通明，轻歌曼舞。忽地，舞女中转出来一位绝色美人：只见其脸蛋似三月桃花，纤腰如春之杨柳，说不尽的风姿绰约。

原来，这美人儿正是楚庄王宠爱的许姬。此刻，她奉大王之命为群臣斟酒。许姬轻盈得像燕子一般，一会儿飞到东，一会儿飞到西。群臣个个都为之着迷，喧闹声也一下子全没了。

突然，一阵大风袭来，将堂上所有的蜡烛都吹灭了。此刻的许姬正在为一人斟酒，那人趁着灯灭之际，拉住许姬的袖子，去捏她的手。许姬也不是泛泛之辈，顺手牵羊地把那人帽子上的缨子揪了下来，快步来到楚庄王前轻声告状，要他快命人把蜡烛点上，看看是谁竟敢如此无礼。

调戏君王的宠姬，无疑就是对君王的羞辱，这是大逆不道的行为！但楚庄王想了想，却高声喊道："切莫点烛！寡人今天要与诸卿开怀畅饮，一醉方休，大家不用打扮得衣冠齐整的了，都把帽子摘下来吧。"

文武官员都觉得莫名其妙，但还是按照君王的吩咐把帽子摘了下后。随后，楚庄王才叫人重新点亮了蜡烛。这样一来，楚庄王和许姬都无法知道拉袖子的究竟是谁了。散席后，许姬责怪起楚庄王来。楚庄王却笑笑说："今天我请文武百官来喝庆功酒，大家都喝得很高兴，酒也喝得差不多了，酒醉后自然就会露出些狂态，这没有什么大不了的。我知道按你说的把那个人查出来，显示了你的贞节，但后果必定是让群臣不欢而散，就都会说我胸怀和度量太小，那以后谁还愿意为我拼死效劳呢？"许姬听了这番话后，觉得楚庄王说得确实有道理，对楚庄王也更加佩服了。

后来，楚国与郑国发生战争，前部主帅的副将唐狡自告奋勇率领百余人充当先锋，为大军杀出了一条血路。他攻无不克，战无不胜，使楚军在战斗中屡屡处于优势地位。楚庄王决定厚赏唐狡，没想到唐狡此时却红着脸说："大王千万别给我厚赏，只要不治我的罪，我就感激不尽了。"楚庄王疑惑地问："为什么呢？"唐狡磕头答道："上次'绝缨会'上，去拉美人手的就是我！蒙大王昔日不杀之恩，末将今日才舍命相报啊！"楚庄王大喜，最后还是重重地奖赏了他。

进退之道

楚庄王在宴会上，面对许姬被轻薄的情况，选择了不追究、不责罚的策略。他明白，若因此而发怒，虽可维护许姬的名节，却会伤害君臣之间的和气，影响国家的稳定。因此，他选择了宽容和谅解，展现了大丈夫的胸怀和气度。

这种进退之道，正是"我之大贤与，于人何所不容"的体现。楚庄王以贤明之心待人，不轻易动怒，不轻易惩罚，而是给予他人改过的机会。这种宽容和包容，使得他在臣子中树立了良好的形象，赢得了他们的尊敬和忠诚。

反之，如果楚庄王选择了追究和责罚，那么结果必然是"我之不贤与，人将拒我"。他的严厉和苛刻，会让臣子们感到恐惧和不安，进而产生离心离德的情绪。这样一来，国家的稳定和发展就会受到严重的影响。

因此，当我们遇到他人的过错时，不妨多一些宽容和理解，给予他人改过的机会；当我们自己犯错时，也要勇于承认并改正，不要因为害怕承担责任而选择逃避。只有这样，我们才能在人生的道路上越走越宽，越走越远。

一张一弛，文武之道

原文

张而不弛，文武弗能也；弛而不张，文武弗为也；一张一弛，文武之道也。

——《礼记》

译文

只拉紧弓弦而不放松，即使是文王和武王也做不到；只放松弓弦而不拉紧，却是文王和武王不会做的；有时拉紧弓弦有时放松，这才是文王、武王治理国家的办法。

典故趣读

汉武帝，这位一代雄主，以他超凡的胆识和魄力，将西汉王朝推向了前所未有的辉煌。他一生致力于维护边疆的安宁，以雷厉风行的军事手段，将匈奴的骚扰彻底消除，使得西汉王朝成为当时威震四方的强国。

汉武帝不仅注重军事，更懂得运用经济发展的成果和政治建设的成就来强化国家的实力。他慧眼识珠，任用了一批年轻有为的大将，如卫青、霍去病等，他们英勇善战，先后取得了河西会战、漠北决战等的重大胜利，使得匈奴军主力遭受重创，汉朝对匈奴的被动局面得以根本扭转。

然而，随着对匈奴等北方游牧政权的胜利越来越多，汉武帝的雄心壮志也开始膨胀。他不顾国家需要休养生息的现实，毅然决定发动对匈奴以及其他北方国家的全面进攻。乌孙、月氏、大宛等国家都成为他的征讨目标，战争的规模日益扩大。

随着战事的连绵不断，国家财政开始陷入困境，军备也空前紧张。武帝的穷兵黩武之策，引来了以司马迁为首的文臣们的强烈批评。他们纷纷上书，指出战争对国家财政和民生的巨大消耗，请求武帝停止征伐，让国家得以休养生息。

然而，武帝并未立即采纳这些建议。直到晚年，他亲身经历了对太子的误会，目睹了民间因战争而造成的创伤，才深刻地意识到自己的过错。于是，他亲自草拟罪己诏，宣布停止征伐，致力于恢复生产，让百姓过上安宁的生活。

在武帝的努力下，西汉帝国在晚年终于维系了帝国的威信和荣耀。他的智慧和勇气，为后世留下了宝贵的经验和教训。汉武帝的一生，充满了传奇色彩，他的雄才大略和远见卓识，将永远铭刻在历史的长河中。

进退之道

汉武帝的一生，犹如一部波澜壮阔的历史长卷，深刻诠释了“一张一弛，文武之道”的进退哲理。他以雄才大略和雷厉风行的军事措施，使西汉王朝屹立于世界的巅峰，展现出“张”的力量和进取的勇气。然而，随着权力的膨胀，汉武帝的过度扩张政策，却使国家陷入了疲惫和困境，这是“张而不弛”的教训。

历史告诉我们，无论个人还是国家，都不能一味地进取和扩张，而忽视了适时的休整和调整。正如汉武帝晚年所体验到的，当国家财政瘫痪、军备紧张，民间因战争而遭受创伤时，他及时调整策略，宣布停止征伐，致力于恢复生产，这是“弛”的智慧和退守的明智。

这一故事对当代人具有深远的借鉴意义。在快节奏、高压力的现代社会中，我们常常面临着各种挑战和诱惑，容易陷入盲目追求和过度扩张的境地。然而，真正的智慧在于懂得进退之道，既要有勇往直前的决心和勇气，也要有适时收手、调整策略的智慧和定力。

因此，我们应该学会在追求梦想的同时，保持清醒的头脑和冷静的心态。当面临困境和挑战时，不妨放慢脚步，审视自己的行为和策略，及时调整方向，避免陷入更大的困境。只有这样，我们才能在人生的道路上走得更远、更稳，实现真正的成功和荣耀。

以谦逊之姿，立赫赫战功

原文

劳苦之事则争先，饶乐之事则能让。

——《荀子》

译文

劳累辛苦的事就争先去做，致富快乐的事就让给别人。

典故趣读

东汉名将冯异被誉为“大树将军”，他英勇善战，总是冲锋在前；他谋略过人，总能洞察敌情，出奇制胜；他治军严谨，心系百姓，为东汉立下赫赫战功。同时，他性格沉稳，对上级恭敬，对同辈谦虚，对下属温和，从不居功自傲，堪称一代良将。

冯异既具备统领正规部队的能力，又善于治理郡县，作风优良。他率领的部队纪律严明，进退有序，因此很快便成为全军楷模，深得刘秀的信任和器重。

冯异虽立下赫赫战功，但每当论功行赏时，他总是默默退到一旁，从不张扬自己的功绩。相反，他更喜欢独自坐在大树下，默默总结战斗的经验和教训。这种低调谦逊的态度，赢得了士兵们的广泛赞誉和尊敬。

后来，刘秀准备分配散卒给各将领时，士兵们纷纷表示愿意归附“大树将军”。他们认为冯异不仅不居功自傲，而且懂得将功劳归于将士们，因此更愿意在他麾下效力。

冯异听说后，只是淡淡一笑，没有说什么。他心中明白，士兵们的信任和拥护，是他最大的荣耀。他更加坚定了自己的信念，要继续为国家和百姓尽忠尽职，为东汉的繁荣稳定贡献自己的力量。

进退之道

虽然名利之心难以完全摒弃，但我们应该对名利保持正确的认识。面对功名，我们应该保持宠辱不惊、去留无意的态度，这样才能保持心态平和、恬然自得，进而积极进取、笑对人生。

忍小谋大，退便是进

原文

将欲取之，必固与之。

——《道德经》

译文

要想获取一些东西，就必须先给予一些东西。

典故趣读

刘邦成功夺得天下后，首要之务便是论功行赏。起初，他封赏了十几位功臣，然而随着时光推移，众多将领因功劳之争闹得不可开交，令刘邦备感困扰，不知该如何平衡各方利益。若分封不均，必将引发纷乱。刘邦为此头痛不已，最终决定暂停封赏。

一日，刘邦在皇宫内漫步，偶然发现一群老部下聚在一起窃窃私语，神情颇为神秘。他心生疑虑，正欲上前询问，却被张良及时拉住。张良低声问道："陛下可知他们正在商议何事？"刘邦茫然摇头。张良缓缓道："陛下岂会猜不出？他们正在密谋造反！"刘邦闻言大惊失色，失声道："他们为何要造反？天下初定，难道他们不想安享太平？"

张良解释道："陛下出身草莽，能得天下全靠这些部下鼎力相助。如今陛下贵为九五之尊，本应论功行赏。然而他们若得不到封赏，心中难免生怨。"刘邦无奈叹道："朕并非不愿封赏，实乃人数众多，若按功劳封赏，恐怕天下土地尽分亦不足。卿有何良策？"

张良沉思片刻，道："他们亦深知此理，故担心陛下因无地可封而追究旧过。如今他们聚集商议，造反之念已生，意图重分天下。"刘邦听后汗流浃背，急问："那朕该如何应对？"张良反问："陛下心中最恨何人？"刘邦答曰："朕最恨雍齿。此人反复无常，多次背叛，若非念其旧功，朕早已斩之。"

张良微笑道："陛下何不封雍齿为侯？众将见雍齿得封，自然心安。"刘邦恍然大悟，当即设宴款待雍齿，于朝堂之上当众封其为侯。

此事一出，未得封赏之将领见雍齿受封，心中渐安。他们皆想：雍齿尚能得侯，我等岂会无赏？

刘邦虽恨雍齿，然此危机却因封赏雍齿而得解。此事看似滑稽，实则蕴含深刻哲理。一个人的胸怀大小，往往体现在对待敌人的态度上。连敌人都能容纳，何况他人？刘邦仅凭容纳雍齿一人，便赢得众臣之心，此乃忍小谋大之智，何乐而不为？

进退之道

有时，为了大局和长远利益，我们必须学会暂时退让，甚至是对待曾经的敌人或对手。正如刘邦封赏雍齿一样，他以一己之忍，化解了众将的疑虑和不满，赢得了他们的忠诚和支持。

对于当代人来说，这种进退之道同样具有重要意义。在职场中，我们可能会遇到竞争对手或难以相处的同事。如果我们能够像刘邦一样，以包容和宽容的心态去对待他们，或许就能化解矛盾，实现共赢。在生活中，我们也可能遇到各种挫折和困难，这时，我们需要学会暂时退让，积蓄力量，等待时机再进。

果断行动，才能掌握先机

原文

断以决疑，疑不可缓。当断不断，反受其乱。

——《当断吟》

译文

判断疑惑，不要拖延。应当决断的时候不决断，反而会因此遭受祸乱。

典故趣读

公元249年春，魏帝曹芳到洛阳城南九十里的高平陵（魏明帝陵）去祭祀，独自掌握大权的曹爽和其弟中领军曹羲等人陪同。司马懿看到时机已到，便迅速部署人马关闭了洛阳所有的城门，占领了武器库，接管了曹爽和曹羲的军营，又派兵到了洛水的浮桥上——这些都是以皇太后的命令行事的。一切完成之后，司马懿又写了一个奏疏给曹芳，历数了曹爽的罪过，要求罢去他的兵权，不得稽留。

曹爽拿到奏疏，无疑是一个晴天霹雳，自然不敢给曹芳看，惶惶然手足无措，不知所为。这时司马懿又派人劝说曹爽早早归罪，还指着洛水发誓说，这次行动只免曹爽的官，其他一切如常，让他不必多虑。

当时有一名叫桓范的人，担任大司农，是曹爽的同乡，他劝说曹爽当机立断，把天子带到许昌，然后再以天子的名义征发四方人马，可是懦弱的曹爽犹豫不决。

桓范说："这件事是明摆着的，如果你能和天子相随，号令天下，谁敢不响应呢？而曹羲另有军营在外，可以随时调遣。从这里到许昌，不过是一天多的时间，许昌兵库中的兵器足够我们使用，要说担心的也就是粮食。可是大司农的印玺在我们这里，你还怕什么？"

桓范从天黑说到天亮，曹爽兄弟还是不敢行动。五更时分，曹爽把刀朝地上一扔说："我就把兵权交给司马懿，仍然有爵位在身，还可以做一个富家翁。"

桓范一看，大哭着说："曹子丹（曹爽之父曹真的名字）这样一个出色的人物，怎么生出你们兄弟俩，我也要受你们连累而罪至灭族！"

曹爽将奏疏送到曹芳那里，免官后回到洛阳家里，司马懿马上派人将他软禁起来，又在他住宅四角筑起高楼，派人日夜监视其行动。有时曹爽拿着弹子到园子里打鸟，角楼上的人就高喊："故大将军朝东南方向走了。"曹爽至此已是一筹莫展。不久，曹爽等人以阴谋叛逆的罪名被下狱处死。

进退之道

人生如同棋局，每一步都需谨慎抉择。在关键时刻，我们必须果断行动，才能掌握先机，避免陷入被动。曹爽的悲剧就在于他缺乏这种决断力，错失了扭转局面的最佳时机。

进退之道，在于审时度势，果断决策。当进则进，当退则退，不可犹豫不决。只有这样，我们才能在人生的道路上走得更加稳健和成功。

从曹爽的故事中，我们应该汲取教训：在面对重大抉择时，要敢于决断，勇于担当。只有这样，我们才能在人生的舞台上演绎出精彩纷呈的篇章。

为人心地宽，恩泽自流远

原文

面前的田地要放得宽，使人无不平之叹；身后的惠泽要流得久，使人有不匮之思。

——《菜根谭》

译文

一个人待人处事的心胸要宽厚，使你身边的人不会有不平的牢骚；死后留给子孙与世人的恩泽要流得长远，才会使子孙有不断的思念。

典故趣读

东汉时期，班超一行在西域积极推动众国与汉朝建立友好关系。然而，龟兹国仗势不服。于是，班超决定结交乌孙国以加强汉朝的西域影响力。乌孙国王派遣使者赴长安访问，汉朝给予了热情的接待。当使者准备返回时，汉帝派遣卫侯李邑携带丰厚的礼品，一同护送使者归国。

然而，班超得知李邑在途中对汉朝与西域的交往策略持有异议，甚至暗中阻挠。他深感忧虑，叹息道：“我并非圣人曾参，即便被人诽谤，也难免引起朝廷的猜疑。”于是，他上书朝廷，详细阐明事情原委。

汉章帝对班超的忠诚深信不疑，下诏斥责李邑道：“即便班超因家室之累，忘却中原之志，难道跟随他的一千多名将士也都思乡忘国吗？”诏书命令李邑立即与班超会合，并接受班超的节制。同时，汉章帝又诏令班超接纳李邑，共同辅佐西域事务。

李邑接到诏书后，无奈之下前往疏勒会见班超。班超不计前嫌，以礼相待。他改派他人护送乌孙使者回国，并建议乌孙王派遣王子前往洛阳朝见汉帝。当乌孙王子启程时，班超决定让李邑陪同前往。

有人对班超此举表示不解，提醒他说：“李邑过去曾诽谤您，破坏您的声誉。此时正可奉诏将他留下，另派他人执行任务。您为何反而放他回去呢？”

班超答道：“若因私怨而扣留李邑，实乃气量狭小。正因为他曾诽谤我，我才让他回去。只要我们一心为朝廷效力，就不怕他人非议。若因个人恩怨而公报私仇，扣留李邑，那便非忠臣所为。”

李邑得知班超的胸怀与气度后，深感愧疚与感激。自此以后，他再也不敢诽谤他人，而是尽心尽力地协助班超处理西域事务。

进退之道

人生在世究竟该怎样做人，从古至今一直都是人们争论不休的一个话题。是“争一世而不争一时”，还是“争一时也要争千秋”？是只顾个人私利“不管他人瓦上霜”或损人利己，还是为社会、为人类做有益的事，做些贡献？这实际上是两种世界观的较量。生活中，一个心胸狭窄的人，凡事都跟人斤斤计较，如此必然招致他人的不满。人在世时宽以待人，善以待人，多做好事，遗爱人间必为后人所怀念，所谓“人死留名，虎死留皮”，爱心永在，善举永存。只有为别人多想，心底无私，眼界才会广阔，胸怀才能宽厚。

胜败皆常事，骄则胜转败

原文

企者不立，跨者不行。自见者不明，自是者不彰，自伐者无功，自矜者不长。其在道也，曰："余食赘形，物或恶之。"故有道者不处。

——《道德经》

译文

踮起脚的人难以久立，步子迈得太大的人不能远行。只看见自己的人反而不能明辨是非，自以为是的反而得不到尊敬，自我夸耀的建立不起功勋，自高自大的不能长久。从大道的角度看，可以说："因多余的饮食而使身体长出多余的肉，令人厌恶。"所以有道之人决不这样做。

典故趣读

357年，前秦的苻坚自立为王。他重用了在野的知名人士王猛来参与政事。王猛是个奇人，具备扪虱而谈天下事之能。在短短的十三四年里，他们北灭燕云，南胁东晋，展现出无人能敌的气势。

几年后，王猛生病了，病重将逝，而这时他执政也不过十六七年。苻坚不仅为他用尽一切办法祈祷，还亲自到病床前询问后事。

王猛对苻坚说："善于开创的人不一定能完成事业，好的开始并不意味着会有好的结束，这就是《易经》坤卦所说的'无成有终'的含义。古代的圣明君主都明白建立功业的不易，因此他们总是小心谨慎，就像面临深渊一样。希望陛下也能追随前代圣王的脚步，这将是天下之大幸。"他又嘱咐道，"东晋虽然偏安江南，但他们一直秉承着正统，国内上下和睦。我死后，希望陛下不要轻易对东晋用兵。鲜卑和西羌才是我们的敌人，他们将来必成大患，应该逐步消除他们，以确保国家的安定。"

王猛去世后，苻坚三次亲临吊唁。他还对太子苻宏说："难道是老天不想让我统一六国吗？为什么这么快就夺走了我的王猛？"

然而，不过七八年的时间，苻坚就违背了王猛的遗嘱。他打算率领百万大军南下攻击东晋。在高级官员的军事会议上，众人都表示反对。但苻坚却坚持己见："我有这么多的军队，把马鞭投入江中，就足以阻断江流，还有什么天险可恃呢？"这正是苻坚最大的自负之处。

回到后宫，他最宠爱的张夫人也极力劝他不要出兵攻打东晋。但苻坚却说："军事事务不是你们女人应该插手的。"他最喜欢的小儿子苻铣也来劝他，结果被苻坚斥责道："小孩子懂什么天下大事！"

一个月后，秦王苻坚亲自率领六十多万骑兵南下，结果在淝水一战惨败，比曹操在赤壁的失败还要惨烈。

进退之道

当一个人陷入骄傲的情绪时，他往往会过度拔高自己的能力，同时轻视对手的实力。在这种心态下，即便身边的人尝试给予忠告，他也可能将其视为对自己信心的打击，甚至觉得这是在助长他人的气焰、削弱自己的锐气。因此，他不仅不会采纳这些建议，反而可能会对提出意见者心生怨念。苻坚的惨痛失败和前秦帝国的覆灭，正是他骄傲自满的直接后果。

骄傲的人最终失败，通常并非因为对手的强大，而是因为他们自身的盲目自信和过度自负。因此，无论在任何时候，我们都不应因短暂的胜利而自满或得意忘形，而应时刻警惕潜在的风险和危机。

为他人留余地，就是为自己铺路

原文

人生得有余气，便有受用处。言尽口说，事尽意做，此是薄命子。

——《呻吟语》

译文

人要活得有余气，才有受用处。话不停口地说，事情无休无止地做，这是薄命人。

典故趣读

韩琦，北宋时期的杰出宰相，其领导风范与人格魅力，在统率部队时便得以充分展现。某夜，他伏案处理公务，一位侍卫持烛为他照明。由于一时分心，蜡烛竟烧到了韩琦的鬓角，他虽感疼痛，却只是默默以袖轻拭，继续专注于工作。事后，当发现侍卫换人时，他担心那位失职的侍卫会遭到惩罚，于是主动召集相关人员，当着他们的面表示：“无须换人，因为他已懂得如何正确持烛。”

韩琦此举，不仅为那位侍卫解了围，更让在场众人深感其宽容与体谅。他的这种处理方式，远比单纯的批评与责罚更能促使士兵们自我反省、尽职尽责，并从心底里对他充满感激与敬爱，甘愿为他效劳。

在大名府任上时，韩琦曾珍藏一对精美无瑕的玉杯，每逢盛宴必用之。然而，在一次宴会上，一官员不慎将玉杯摔碎。在场众人无不惊愕，肇事者更是惶恐不已，请求治罪。韩琦却淡然笑道："宝物之成毁，自有定数，非人力所能强求。"他扶起那位官员，安慰道，"你只是偶然失手，何罪之有？"此言一出，既为肇事者留下了台阶，也避免了宴会的尴尬气氛。

韩琦的宽容与大度，赢得了众人的赞叹与敬佩。他深知，玉杯既已破碎，责骂无济于事，反而可能因此树敌。而他以"宝物自有定数"之言化解矛盾，既展现了自己的智慧与胸怀，也让肇事者深感感激。

在抵御西夏的战争中，韩琦威名远扬，有"军中有一韩，敌人听了就胆寒"之美誉。元代吴亮曾评价他："功劳天下无人能比，官位升至臣子顶端，却不见其骄傲自满；身负重任，常处宦海风波，亦不见其忧虑重重。"韩琦能在人生与事业上取得如此辉煌的成就，与他善于为他人着想、为他人留有余地的成熟与练达密不可分。

进退之道

留余地，不仅是为他人着想，更是为自己铺路。在人际交往中，我们应避免将他人逼入绝境，以免引发极端的反抗，导致双方受损。同时，我们也要为自己留下回旋的余地，言行有度，进退自如，以便在复杂多变的情境中灵活应对。

人生在世，让他人轻松，便是让自己自在。为他人留有余地，他人自然会感激你、帮助你，这也等于为自己创造了更多成功的机会。这便是留余地的智慧与魅力所在。

巧进巧退

为人温良恭俭让，方能进退自如

恭敬求虚，不满而满

原文

满招损，谦受益，时乃天道。

——《尚书》

译文

骄傲自满招致损害，谦虚谨慎得到益处，这是自然规律

典故趣读

孔子谈谦虚，在《论语》中屡见不鲜。他的弟子子路性格直率，过于鲁莽，很多时候表现得不够谦虚，孔子常常批评或教育他。

有一次，子路、曾皙、冉有、公西华四个人陪孔子闲坐，孔子说：“你们平时总是说：‘没有人知道我呀！’假如有人知道了你们，你们打算怎么办呢？”

子路急忙回答：“一个仅有千辆兵车，夹在大国之间，受到外国军队的侵犯，甚至还赶上荒年的国家，如果让我去治理，只需用三年的工夫，我就可以使人人勇敢善战，百姓都懂得做人的道理。”

孔子听了微微一笑说：“治理国家要讲礼让，可是，子路你说话

却一点也不谦让，怎么能治理好国家呢？”

还有一次，孔子带着几个学生到庙里去祭祀，刚进庙门就看见座位上放着一个引人注目的祭器，据说这是一种盛酒的祭器。学生们看了觉得新奇，纷纷提出疑问。

孔子问寺庙里的人：“请问您，这是什么器具啊？”

守庙的人恭敬地说：“夫子，这是放在座位右边的器具呀！”

孔子仔细端详着那器，口中不断重复念着：“座右，座右。”然后对学生们说，“这个放在座位右边的器具，空着的时候是倾斜的，装一半水时，就变正了，而装满水时就会倾覆。”

听了老师的话，学生们都以惊异的目光看着他。孔子看出大家的心思，和蔼地问大家：“你们不相信吗？那就提点水放到祭器里试试吧！”学生们于是打来了水。往祭器里倒了一半水时，那器具果然就正了。孔子立刻对他们说：“看见了吧，这不是正了吗？”大家点点头。

他又让学生继续往器具里倒水，器具刚装满水就倾倒了。孔子告诉他们：“倾倒是因为水满所致啊！”

直率的子路率先发问：“难道没法子让它不倾倒吗？”

孔子语重心长地说：“世上绝顶聪明的人，应当用持重（举动谨慎稳重）保持自己的聪明；功誉天下的人，应当用谦虚保持他的功劳；勇敢无双的人，应当用谨慎保持他的本领……这就是说要用退让的办法来减少自满。”

进退之道

无论从事何种职业，担任什么职位，唯有秉持谦虚与谨慎，我们才能持续保持进取心，不断丰富自己的才能和知识储备。谦逊的美德如同一面镜子，让我们清晰地看到自身的不足，从而永不自满、砥砺前行。它能让我们静心倾听他人的声音，包括意见和建议，甚至是批评，使我们行事更为审慎。反之，若满足现状、骄傲自满、主观臆断、停滞不前，这些态度轻则阻碍工作进展，重则可能导致事业功亏一篑。

谦虚谨慎不仅能让我们在面对成功和荣誉时保持清醒，不骄傲自满，更能将荣誉转化为激励自己继续前行的动力。它阻止我们沉溺于过去的辉煌，避免将荣誉变成负担，不因小小的成就而自我陶醉、停止进步。我们应该学会不以己之长比人之短，也不因己之短而嫉妒他人之能。要知道，山外有山，人外有人，只有时刻保持谦虚谨慎、不骄不躁的心态，胸怀宽广如谷，我们才能在人生的旅途中不断受益，行稳致远。

凡事留一线，他日好相见

原文

事事留个有余不尽的意思，便造物不能忌我，鬼神不能损我。若业必求满，功必求盈者，不生内变，必招外忧。

——《菜根谭》

译文

做任何事都要留余地，不要把事情做得太绝，这样即使是造物主也不会嫉妒我，神鬼也不会伤害我。假如对一切事物都要求尽善尽美，对一切成就都希望登峰造极，即使不为此而发生内乱，也必然为此而招致外患。

典故趣读

北宋文豪苏轼任杭州太守时，一个名叫吴味道的书生冒用他的名讳，运送一批货物到京城贩卖。税关的人觉得可疑，便将吴味道连同货物一起送交苏轼处理。

吴味道被押解上堂，只见他身背一个大包袱，贴有封纸，上书

“杭州通判苏轼送京师苏侍郎宅”。苏侍郎即苏轼的弟弟苏辙，但封纸上没有写明苏辙的具体地址。“杭州通判”是苏轼十多年前担任过的官职，难怪被税关的人看出问题。

苏轼问吴味道：“你为什么冒充我？”

吴味道惶然说：“学生家贫，屡考不中，此次上京应试，顺便买了二百匹建阳纱，想带到京城赚些银子用度。因为您的名气大，所以我想借您的名义省下一些税银，现在事情败露，只好听凭您的发落。”

苏轼察言观色，看出吴味道不是狡诈之徒，决定帮他一把。他让人揭下货物的封条，亲笔题写了自己的姓名、官衔和弟弟苏辙的详细地址，使吴味道一路顺利到达京城。

第二年，吴味道中了进士，专程来拜访苏轼，由此，苏轼在朝中又多了一位得力的朋友。

吴味道盗用他人名讳，当然是不对的，假设苏轼对其处罚，以维护自己的名誉权，未尝不可。但苏轼大度为怀，将假作真，使吴味道变盗为借，放弃了一个耍威风出气的机会，却得到了一个盟友，岂不是皆大欢喜？

进退之道

人际关系成于一分善意与帮助，毁于一分敌视与伤害。与人相处时，多一点善心帮助，有利于营造感情的和谐；发生矛盾时，多一分理解和宽容，少一点伤害，也可有效化解敌意，为彼此保留一个和好如初的机会。即使友谊之门不得不闭上，多一点人情味，也为日后的重启留下了一丝缝隙。

过刚者易衰，柔和者长存

原文

人之生也柔弱，其死也坚强；草木之生也柔脆，其死也枯槁。故坚强者死之徒，柔弱者生之徒。

——《道德经》

译文

人活着的时候身体是柔软的，死了以后身体就变得僵硬。草木生长时是柔软脆弱的，死了以后就变得干硬枯槁了。所以过于刚强的事物往往容易消亡，而柔弱的事物则能够持久。

典故趣读

在明太祖朱元璋统治时期，有一位名叫王朴的吏部科给事中，因直言敢谏而不幸触怒了龙颜，被罢免了官职。然而，命运似乎又给了他一次机会，他不久后被重新起用为御史。他迅速投入工作，对当时的时政进行评议，甚至在朝廷之上，多次与皇帝展开激烈的辩论，丝毫不肯退让。

某日，王朴因某事与明太祖的争辩异常激烈。太祖愤怒至极，下令将他处死。然而，当王朴被押解至街头即将行刑之际，太祖却又突然召他回宫，质问道："你现在是否愿意改变你的看法？"王朴毅然回答："陛下若视我为可用之才，提拔我为御史，又怎能如此侮辱摧残？若我无罪，何须杀我？若有罪，又何苦留我性命？我今日只求速死！"朱元璋听后更加愤怒，命令左右立即执行死刑。

王朴的耿直固然可贵，但他的倔强与傲气却过于强烈，一旦产生便难以消解，甚至愈演愈烈。他连皇帝给予的机会都拒之门外，这既是他受愚忠思想束缚的体现，也与他心高气傲、缺乏处世智慧有着莫大关系。他未能领悟"退"与"让"的辩证关系，特别是在面对拥有无上权力的皇帝时，这种缺乏策略的行为最终导致了他的不幸结局。

进退之道

如果你与对手或上司发生了冲突，而你明显处于劣势，仿佛你是脆弱的鸡蛋，对方却是坚硬的石头，这时你会如何应对？是选择像头脑简单的莽夫那样，不顾一切地以卵击石，最终白白牺牲自己，还是选择暂时退避锋芒，等待时机，让自己也变成一块石头，甚至是一块比对方还要大的石头，再有所行动呢？你做出的选择，无论是前者还是后者，都能反映出你是否有能力成就大事。

为人处世，内心可以怀有崇高的志向，但态度上却不能傲慢无礼。如果总是以一副盛气凌人的姿态示人，那么很容易招惹是非，惹火烧身。真正聪明的人，即使骨子里有着强烈的自尊和骄傲，也能够在外表上展现出谦和的态度，尊重他人如同尊重自己的老师。只有这样，我们在做人做事时才能减少不必要的阻碍，让事情进展得更加顺利。

人一旦狂妄，就不知进退

原文

不傲才以骄之，不以宠而作威。

——《将诫》

译文

不能因为自己有才华就骄傲自大，不能因为自己受宠就作威作福。

典故趣读

祢衡是东汉末年的一位杰出才子，他才华横溢，却又以狂妄著称。

当时，曹操正急于扩充势力，四处寻觅贤能之士。听闻祢衡之名，曹操心生招揽之意，希望他能成为自己的得力助手。然而，祢衡却对曹操颇为不屑，不仅拒绝了他的邀请，还出言不逊，对曹操极尽嘲讽。曹操虽怒，但念及祢衡之才，终究忍下了这口气。得知祢衡善于击鼓，曹操便将他招入麾下，令其担任鼓吏一职。

某日，曹操设宴款待宾客，特邀祢衡击鼓助兴，并特意为他准备了青衣小帽。祢衡身着布衣赴宴，却被从官大声斥责，要求其更换服饰。祢衡心知这是曹操的刁难，却不慌不忙，他先是脱下外衣，继而脱下内衣，最终在众目睽睽之下，一丝不挂地换上鼓吏装束，随后击奏了一曲《渔阳三弄》。曹操虽心中不悦，但终究克制住了怒火。

曹操并未因此放弃对祢衡的招揽，又一次设宴相邀，希望能感化这位狂傲的才子。然而，祢衡却手执木杖，站在营门外大声辱骂。众从官纷纷请求曹操诛杀祢衡，但曹操考虑到自己的名声，只得忍气吞声，将祢衡送往荆州太守刘表处。

刘表深知曹操的用意，也不愿背上杀才之名，于是将祢衡转送给江夏太守黄祖。黄祖性情暴躁，不似曹操、刘表那般有心计，对于祢衡的狂妄态度更是难以容忍。在一次宴会上，祢衡出言不逊，触怒了黄祖，结果惨遭斩首。这便是祢衡狂妄自大的最终下场。

进退之道

人一旦狂妄，就不知进退。狂妄者容易因一时的得意而忘乎所以，做出错误的决策，甚至失去原本的优势。他们缺乏对自己和他人的正确评估，往往只看到自己的长处，却忽略了自身的短处和他人的长处。因此，狂妄者常常在人生的道路上迷失方向，无法正确把握进退的时机。我们应该时刻提醒自己，保持谦逊和谨慎的态度，不断学习和进步，以更好地应对生活中的挑战和机遇。只有这样，我们才能在人生的道路上稳健前行，避免狂妄带来的种种不良后果。

狂妄自大的人，难有退路

原文

聪明人宜敛藏，而反炫耀，是聪明而愚懵，其病如何不败？

——《菜根谭》

译文

智慧的人本来应该谦虚谨慎，但是却到处炫耀自己，这样的人看起来很聪明，其实很愚昧无知，怎么可能不失败呢？

典故趣读

孔融，三国时期的士族骄子，自视甚高，目中无人。他早年便踏入仕途，锋芒毕露。

董卓操纵朝廷、废立无常之时，孔融却每每违逆董卓的意愿，自以为刚直不阿，实则过于骄横，结果从虎贲中郎将被降职为议郎，却仍不改其傲慢本性。

在许昌，孔融更是恃才傲物，每每发表己见，撰写文章讽刺和抨击曹操的举措。当曹操迁怒于太尉杨彪，打算处以极刑时，孔融得知后，竟不顾朝服未整，匆匆面见曹操，以一副救世主的姿态力劝其勿滥杀无辜。他狂妄地直言：“若杀杨彪，我孔融明日便挂冠而去，不再为官。”仿佛天下之事，皆在他一人掌控之中。正是孔融的傲慢态度，使得杨彪得以幸免于难，而他也因此更加自命不凡。

建安九年（204），曹操攻克邺城，其子曹丕娶袁绍儿媳甄氏为妻。孔融得知后，竟写信戏谑曹操，言辞之中充满了挑衅与不屑。他写道：“武王伐纣，以妲己赐周公。”曹操不解其意，询问此典出自何处，孔融却以一副高高在上的姿态回答：“以今度之，想当然耳。”当时战乱频仍，灾荒连连，军粮匮乏，曹操因此下令禁酒。然而，孔融却接连上书反对，与曹操针锋相对，完全不顾及大局和曹操的权威。

曹操对孔融的屡次挑衅早已心怀不满，但鉴于北方局势尚未稳定，且孔融名声在外，所以隐忍未发。

建安十三年（208），北方局势已定，曹操在筹划统一大业之际，为消除内部隐患，终于对孔融下手。他授意他人诬告孔融“欲规不轨”，并指其曾与祢衡“跌荡放言”，罪状便是孔融昔日关于父母子女关系的狂妄言论。

在建安十三年八月，孔融被处以极刑，其妻儿也遭牵连。这一切，都是孔融自恃才高、骄傲自大的结果。

进退之道

人当有自知之明，实事求是，既不妄自菲薄，亦不妄自尊大。持正之见，虚心请教，乃为人之本。谦虚之人在交际场合往往广结良友，成为社会交往中受欢迎之人。而锋芒过露，则易伤人伤己，需小心使用，平时宜深藏不露。所谓物极必反，才华过于显露易招嫉恨与陷害。尤其对于有志于大业者，更需修炼韬藏之功。隐藏锋芒也是提升学识、才能与修养的过程，有助于我们踏实前行。

退让一步，更容易与人和睦相处

原文

路径窄处，留一步与人行；滋味浓的，减三分让人嗜。此是涉世一极乐法。

——《菜根谭》

译文

在狭窄的路上行走，要留一点余地让别人走；遇到美味可口的食物，要留出三分让给别人吃。这就是一个人立身处世最快乐的方法。

典故趣读

战国时期，两国的界亭相邻而建，守卫的士卒们各自在自己的区域内辛勤地种植瓜果蔬菜。梁国的士卒们以勤劳著称，他们按时浇水施肥，因此，他们的庄稼长得茁壮茂盛，硕果累累。而楚国的士卒们则显得漫不经心，对庄稼的照料极不周到，因此，他们的蔬菜瓜果长势羸弱，与梁国的相比简直天壤之别。

看到这种情形，楚国的士卒们心生嫉妒，趁着夜色朦胧，梁国士卒们不备之时，偷偷扯断了梁国庄稼的秧苗。第二天，梁国士卒们发现自家庄稼惨遭破坏，愤怒不已，于是向县令宋就报告，并请求以牙还牙，去破坏楚国的庄稼。

然而，宋就却冷静地说："我理解你们的心情，用同样的方式报复他们确实能泄愤。但你们有没有想过，我们不愿意他们破坏我们的庄稼，那我们又为什么要去破坏他们的庄稼呢？他们做错了，如果我们也跟着做错，那岂不是跟他们一样狭隘了吗？从今天开始，我们每天晚上都悄悄地去给他们的庄稼浇水施肥，让他们的庄稼也能茁壮成长。"梁国的士卒们虽然心有不甘，但还是按照宋就的吩咐去做了。

不久之后，楚国的士卒们惊讶地发现，他们的庄稼开始一天天变得茁壮起来。每天早上，他们都会发现庄稼已经被浇过水了。经过一番调查，他们才知道，原来是梁国的士卒们一直在默默地帮助他们。他们深感愧疚，于是将此事禀报给了楚王。

楚王得知此事后，深受感动，认为梁国这种睦邻友好的态度十分难得。于是，他准备了丰厚的礼物送给梁王，以表达他的歉意和感激之情。最终，因为这件事，两国成为友好的邻邦。

进退之道

在面对他人的错误或挑衅时，我们不能仅仅用愤怒和报复来回应，而应该以平和的心态，选择更加宽容和理解的方式来解决问题。因为只有通过理解和宽容，我们才能真正地化解矛盾，实现和谐共处。

进与退并非孤立存在，而是相互依存、相互转化的。有时候，我们看似在退让，实际上却是在为更大的进步积蓄力量；有时候，我们看似在进攻，实际上却可能因过于激进而陷入困境。因此，我们需要根据具体情况，灵活把握进退的时机和方式，以实现最佳的结果。

总之，我们应在理解和宽容中寻找平衡，在灵活和机智中把握时机。只有这样，我们才能在复杂多变的人生道路进退自如。

宁在人前全不会，莫在人前会不全

原文

十语九中未必称奇，一语不中则愆尤骈集；十谋九成未必归功，一谋不成则訾议丛兴。君子所以宁默毋躁，宁拙毋巧。

——《菜根谭》

译文

即使十句话能说对九句也未必有人称赞你，但是假如你说错了一句话就会接连被人指责；即使十次计谋你有九次成功也未必归功于你，可是其中只要有一次失败，埋怨和责难之声就会纷纷到来。所以君子宁肯保持沉默寡言的态度，绝不冲动急躁；做事宁可显得笨拙，绝对不能自作聪明显得高人一等。

典故趣读

唐朝人张由古，学问不高，但管理才能出众，受到皇帝重用，曾任殿中侍御史等职。有一次，他跟同僚们闲聊，感叹说："班固有大才，可惜他的文章没有被收入《文选》。"

一位同僚惊讶地说：“班固的《两都赋》《燕山铭》《典引》等，都收入了《文选》，你怎么说没有呢？”

张由古说：“这都是班孟坚的文章，跟班固有什么关系？”

大家听了都掩嘴而笑。孟坚是班固的字，张由古竟然不知道！

张由古又说：“我昨天买到一套《王僧襦集》，里面讲得很有些道理。”

同僚杜文范知道，他把王僧孺误读为王僧襦了，故意打趣说：“我也买到一套《王佛袍集》，大大胜过《王僧襦集》。”

“佛袍”是王僧孺的号，张由古不知，请杜文范借《王佛袍集》一观，大家听了，都露出鄙视的神色。

张由古不知班固是孟坚，又读错一个“襦”字，原本不是什么大不了的事，他有出色的管理才能，这是他的亮点，可他偏要卖弄学问，在自己的弱项上露拙，岂非自贻其羞？

进退之道

“藏拙”即克服表现欲，隐藏自己的弱点和不足。清代李渔《慎鸾交·计竦》云：“和盘托出空贻笑，倒不如藏拙高。”你表现才干时，与其不分良莠，金沙俱下，不如将沙子淘掉，只留下金子，岂不高妙？不知藏拙的人，必有所失，轻则遭人耻笑，重则招致失败。因此，你应该明白这样一个道理：你强的地方，不妨大胆表现；你不行的地方，不如让给别人表现。

处世让一步为高，待人宽一分是福

原文

处世让一步为高，退步即进步的张本；待人宽一分是福，利人实利己的根基。

——《菜根谭》

译文

为人处世要有退让一步的态度才算高明，因为让一步就是为日后进一步做好准备；而待人接物以抱宽厚态度为最快乐，因为给人家方便实际上是给自己留下日后方便的基础。

典故趣读

在齐国相国田婴的府邸中，有一位食客名叫齐貌辩。他行事不拘一格，率性而为，偶尔也会犯些小错。门客中有一位士尉，曾劝田婴疏远这位食客，但田婴并未采纳其建议，士尉因此另寻他处。对此，府中的门客们多感不满，但田婴却毫不在意。他的儿子孟尝君私下里也曾向父亲进言："齐貌辩此人颇惹人厌，您不将他驱逐，反让士尉离去，实非明智之举。”

听闻此言，田婴勃然大怒，厉声喝道：“我看府中无人能及齐貌辩之贤能！”此言一出，孟尝君与门客们皆噤若寒蝉。田婴对齐貌辩的礼遇反而更加隆重，为他提供上等的住所与饮食，并派长子专门侍奉，以示尊重。

几年后，齐威王驾崩，齐宣王继位。宣王喜好亲政，觉得田婴权力过大，恐威胁自己的王位，因而心生不悦。田婴无奈，只得离开国都，返回自己的封地薛。其他门客见田婴失势，纷纷离去，唯有齐貌辩不离不弃，随他前往薛地。

不久之后，齐貌辩决定前往国都拜见宣王。田婴劝阻道：“如今宣王对我心生厌恶，你此去岂非自投罗网？”齐貌辩却坚定地说：“我早已将生死置之度外，请允许我前往。”田婴无奈，只好任其而去。

宣王听闻齐貌辩求见，心中怒气冲冲。一见齐貌辩，便冷言讥讽：“你不就是田婴所宠信的齐貌辩吗？”齐貌辩坦然回应：“我正是齐貌辩。靖郭君（田婴）虽对我颇为喜爱，但并未全然听从我的建议。当大王您还是太子时，我曾建议靖郭君废黜您，立卫姬之子为太子。但他于心不忍，拒绝了我的提议。若他当时听从，或许今日便不会遭受此等境遇。”

齐貌辩继续说道：“靖郭君回到薛地后，楚国相国昭阳欲以数倍之地换取薛地。我劝他答应，但他念及先王之恩，且薛地有先王宗庙，故坚决拒绝。他始终坚守忠诚与原则，不肯轻易妥协。由此可见，靖郭君并非完全听从我的意见。”

宣王听完这番话，深受触动，叹息道："靖郭君对我如此忠诚，我却一直未能明了。你愿替我去请他回来吗？我愿立即任命他为相国。"

田婴因待人宽和，终得以复相位。此事传为佳话，人们皆称赞其品德高尚。

进退之道

律己宽人是一种积累福德、修炼德行的重要途径。在纷繁复杂的人生旅途中，无论是谁，都难以保证不犯错误，不得罪人。然而，当我们在困境中得到他人的宽容时，那份感激之情便会如同潮水般涌上心头，难以言表。

同样，我们也会不可避免地遭遇他人的冲撞与冒犯。如果我们能够以宽容之心对待这些纷扰，那么他人便会感受到我们的坦诚无私、宽广胸襟与高尚品格。这样的我们，自然会吸引众多真挚的朋友，他们愿意为我们赴汤蹈火，共度时艰。

因此，在为人处世中始终保持一颗宽容之心，用忍让与律己宽人的态度去对待他人，去积累福德、修炼德行，便能在人生的道路上，收获更多的友谊与支持，共同书写更加精彩的人生篇章。

知进能退

进可乘风破浪，退可从容自渡

进退存亡，不失其正

原文

知进退存亡而不失其正者，其唯圣人乎！

——《周易》

译文

懂得能进则进，能退则退，能图存则图存，能放弃则放弃的道理，而不会违反其中的规律，能做到这些的大概只有圣人吧！

典故趣读

三国纷争，英才辈出，其中尤以蜀汉丞相诸葛亮最为人所称道。他六出祁山，北伐中原，进可攻，退可守，策略灵活多变，展现了高超的进退智慧。

话说当时，蜀汉国力日渐衰弱，诸葛亮深知若坐以待毙，必亡无疑。于是，他决心北伐中原，以图复兴汉室。他挑选精兵强将，整顿兵马，亲自挂帅出征。

首次北伐，诸葛亮兵发祁山，意图直取陇右。他命赵云、邓芝为疑兵，据箕谷，吸引魏军主力；自己则率主力攻祁山。陇右的南安、天水、安定三郡叛魏应亮，关中震动。魏明帝曹叡亲自率军镇守长安，派大将张郃率领五万步骑前往抵抗。诸葛亮见魏军来势汹汹，便用奇计，设伏兵于街亭，欲以少胜多。

可惜，马谡领兵至街亭，不听副将王平之言，执意屯兵山上，被张郃截断水源，大败而回。街亭失守，蜀军粮道被断，诸葛亮无奈只得下令全军退回汉中。首次北伐，虽败犹荣，诸葛亮虽失街亭，却赢得了民心和士气。

回到汉中，诸葛亮痛定思痛，决心再次北伐。他吸取教训，整顿军纪，加强训练。经过一段时间的准备，他再次兵发祁山。此次北伐，他采取了更加灵活的战术，时而分兵多路，时而集中兵力，攻守兼备，使得魏军疲于奔命。

然而，魏军将领司马懿深知诸葛亮厉害，坚守不战，意图耗尽蜀军粮草。诸葛亮见状，便命士兵就地屯田，以作长久之计。可惜，天不假年，诸葛亮积劳成疾，病倒军中。他深知自己时日无多，便密令杨仪、姜维等人安排撤退事宜。

在病榻上，诸葛亮仍然不忘国家大事，他留下遗嘱，将自己的智谋和兵法传给姜维等人，希望他们能够继续北伐中原，完成他的遗愿。他嘱咐众人，北伐之路虽艰难，但只要有信心、有智慧、有勇气，就一定能够成功。

最终，诸葛亮病逝于五丈原，享年五十四岁。他的离世让蜀汉军民痛失了一位伟大的丞相，但他的智慧和勇气却永远留在了人们的心中。

姜维等人遵照诸葛亮的遗嘱，继续北伐中原。虽然历经坎坷，但他们始终坚守着诸葛亮的遗志，不断进取，不断奋斗。最终，在他们的努力下，蜀汉的国力逐渐恢复，中原的局势也发生了变化。

诸葛亮六出祁山、北伐中原的故事传颂千古。他进可攻、退可守的灵活策略，展现了他高超的进退智慧。他的忠诚、智慧和勇气，成为后人学习的楷模。

进退之道

进退之道，是人生的一门大学问。进，是追求，是奋斗，是不断超越自我的过程；退，是调整，是沉淀，是蓄积力量以待再起的智慧。诸葛亮深知，进非一味猛进，退非消极退缩。进退之间，需有策略，需有智慧，更需有定力。

在人生的道路上，我们常常会面临各种选择和挑战。有时，我们需要勇往直前，披荆斩棘，以进取的姿态迎接每一个机遇；有时，我们又需要审时度势，适时而退，以退为进，积蓄力量，等待下一次的腾飞。

诸葛亮的进退智慧告诉我们，人生不是一场速度竞赛，而是一场智慧与毅力的较量。我们要学会在进取中保持清醒的头脑，不被胜利冲昏头脑，也不因失败而气馁；在退守时，我们要保持内心的坚定，不因困境而动摇，也不因诱惑而迷失。

进退之道，是人生的一种艺术，需要我们用心去体会，用智慧去把握。让我们在人生的舞台上，像诸葛亮一样，以进为攻，以退为守，用智慧和勇气书写属于自己的辉煌篇章。

读万卷书，行万里路，才是真豪杰

原文

胸中无三万卷书，眼中无天下奇山川，未必能文。纵能，亦无豪杰语耳。

——《小窗幽记》

译文

要是没有读过几万卷书，没有游历过名川大山，那么就难以写出好文章来。即使能写出文章，也未必能带有英雄豪气，且也未必是豪杰之语。

典故趣读

中国历史上最著名的“旅行家”要数徐霞客了。徐霞客名弘祖，字振之，号霞客，汉族人，出生在明朝时期南直隶江阴的一个书香之家。他是我国古代著名的地理学家、旅行家，编写了我国历史上的地理名著——《徐霞客游记》，堪称千古奇人。

他一生志在四方，长期在外游历，足迹遍布如今的北京、河北、山东、河南、江苏、浙江、福建、山西、江西、湖南、广西、云南等十六个省。他每到一个地方，都寻访当地的独特景观，并坚持每天写游记，详细地记录下自己观察到的关于人文、地理、生物的各种情况。

徐霞客的父亲徐有勉便是个喜欢到处游玩的人，热衷于山水奇观。徐霞客自幼便深受父亲的影响，喜欢阅读一些关于历史、地理、探险、游记之类的书籍。在这些书籍中，他领略到了祖国的壮丽河山，立下志向要游遍全国的名山大川。

徐霞客在十五岁的时候参加了一次童子试，可没有考中。他的父亲非常开明，觉得儿子不想要考取功名，就不勉强他了，只不过一再鼓励他多读书，以后做个有学识的人。徐霞客的家庭条件很好，家中有一栋名为“万卷楼”的藏书楼，这极大地满足了他博览群书的愿望。

徐霞客读起书来非常刻苦认真，还有着过目不忘的本事。随着年龄的增长，万卷楼中的藏书已经渐渐不能满足他的读书需求了。于是，他到处搜集书籍，只要遇到感兴趣的书，即使变卖衣物也要得到。

十九岁那年，徐霞客的父亲去世了，虽然此时的他对寻访名山大川充满了渴望，但是在当时的社会，“父母在，不远游”是起码的孝道，所以，想到母亲还需要他堂前尽孝，故此便放弃了自己的出游计划。

不过，徐母是一个非常聪慧、知书达理的女人，她知道儿子的志向，于是教导他说：“好男儿志在四方，广阔的天地间才是你施展才华的地方。你不能因为要守着我就放弃了自己的理想，就像那被关在篱笆里的小鸡、套在车辕上的马，一辈子留在家里，能有什么作为呢？”徐霞客听到母亲的这番话后深受触动，终于下定决心离开家乡去实现自己的理想。

就这样，徐霞客开始了他的游历生涯，前后共用了三十多年的时间，他先后游历了十六个省，东到浙江的普陀山，西到云南的腾冲，南到广西南宁地区，北到河北蓟县的盘山，他几乎走了大半个中国。

在这三十多年的旅行考察中，他风雨无阻，不惧怕豺狼虎豹，饿了就吃一点山上的野果，渴了就喝点山中的泉水。他身背行囊，全凭一双脚赶路，这也让他得以抵达许多荒芜之地，以及人迹罕至的边疆地区。他一路上风餐露宿，还多次遇到生命危险，可他从没想过放弃。

二十八岁那年，徐霞客来到了温州的雁荡山。古书记载说雁荡山的山顶有一个大湖，于是徐霞客想要登上山顶瞧瞧。当他费了好大力气爬到山顶时，发现山脊笔直，连下脚的地方都没有，哪里有什么湖泊呢？不过，徐霞客还是打算找到书中记载的湖泊，便继续向前走，直到遇到一个悬崖，再往前走已经没路了。他仔细地观察了悬崖，发现悬崖下面有一个小平台。

为了满足自己的好奇心，他做了一条布绳系在岩石上，抓住布带子慢慢到了那个小平台上。这才发现悬崖足有上百丈深，他只能沿着布绳原路爬回崖顶。就在这个时候，意外发生了。由于多次摩擦，布绳被尖锐的岩石磨断了，幸好他及时抓住了崖壁上突出的一块岩石才保住了命。

还有一次，徐霞客去黄山游历的时候正遇到大雪天气，山上的积雪已经到了腰部的位置，登山的路也完全被大雪淹没了。然而徐霞客仍然坚持要登山，他用铁杖探路，在山坡背阴的地方，山路上已经结了坚冰。徐霞客一步步踩着用铁杖在冰上凿出来的坑艰难地向前走着，最后终于爬上了黄山。

徐霞客还到过许多险峻的地方，其中就包括福建武夷山的三条险径：大王峰的百丈危梯，白云岩的千仞绝壁和接笋峰的“鸡胸”“龙脊”。

每天晚上，无论身体多么疲惫，也不管是住在野外还是破旧山庙中，徐霞客都会坚持将自己当天的游历收获一一记录在册，随着他游历的地方越来越多，他积累的文稿也堆积如山。徐霞客一生中共写下两百四十多万字的游记，这些宝贵的资料历经朝代更迭，时代变迁，大部分已经无从查证，只有留下来的部分被后人整理成书，形成了著名的《徐霞客游记》。

进退之道

古人云：“读万卷书，行万里路。”将心静下来读书，让身子动起来四处游历，当心存天地，下笔自有一股豪气。那是见多识广所造就的眼界、胸怀和格局，也是跋山涉水带来的气魄。

因贪欲而疲于奔命，终将损害自身

原文

祸莫大于不知足，咎莫大于欲得。故知足之足，常足矣。

——《道德经》

译文

最大的过失是贪得的欲望，最大的祸害是不知足。因此，知道到什么地步就该满足的人，永远是满足的。

典故趣读

春秋时期，晋国想吞并邻近的两个小国：虞和虢。但这两个国家关系很好。晋如袭虞，虢会出兵救援；晋若攻虢，虞也会出兵相助。

大臣荀息向晋献公献上一计。他说，要想攻占这两个国家，必须离间他们，使他们互不支持。虞国国君贪得无厌，我们正可以投其所好。他建议晋献公拿出心爱的两件宝物，屈产良马和垂棘之璧，送给虞公。

献公哪里舍得！荀息说：“大王放心，只不过让他暂时保管罢了，等灭了虞国，一切不都又回到你的手中了吗？”献公依计而行。

晋国故意在晋、虢边境制造事端，找到了伐虢的借口。晋国要求虞国借道让晋国伐虢，虞公得了晋国的好处，只得答应。虞国大臣宫子奇再三劝说虞公，这件事办不得的。虞虢两国，唇齿相依，虢国一亡，唇亡齿寒，晋国是不会放过虞国的。虞公却说，为了交一个弱朋友去得罪一个强有力的朋友，那才是傻瓜哩！

晋大军通过虞国道路，攻打虢国，很快就取得了胜利。班师回国时，把劫夺的财产分了许多送给虞公。虞公更是大喜过望。晋军大将里克这时装病称不能带兵回国，要求暂时把部队驻扎在虞国京城附近。虞公毫不怀疑。几天之后，晋献公亲率大军前去，虞公出城相迎。献公约虞公前去打猎。不一会儿，只见京城中起火。虞公赶到城外时，京城已被晋军里应外合强占了。就这样，晋国又轻而易举地灭了虞国。

虞国国君贪图屈产良马和垂棘之璧，不听宫子奇劝阻，身死国亡。这就是“咎莫大于欲得”。

进退之道

真正的满足并非来自无休止的欲望追求，而是源于内心的平和与自足。当我们学会控制自己的欲望，珍惜已有的，不盲目追求外在的荣华富贵，我们才能保持清醒的头脑，做出明智的决策。

当代社会，物质诱惑无处不在，人们往往为了追求更高的地位、更多的财富而疲于奔命。然而，在这个过程中，我们很容易忽视内心的需求和精神的成长。我们应该从虞公的故事中吸取教训，学会知足常乐，珍惜现有的生活，关注内心的成长与和谐。

同时，我们也应该认识到，人与人之间的关系是相互依存的。在追求个人利益的同时，我们不能忽视他人的利益和整个社会的和谐稳定。只有当我们懂得尊重他人、关注社会，才能真正实现个人的价值和幸福。

笃行不止，终有所成

原文

辨既明矣，思既慎矣，问既审矣，学既能矣，又从而不息其功焉，斯之谓笃行。

——《传习录》

译文

当已达到能分辨清楚，已思考缜密，问题已解决，学业已长进，还精进不已，持续不断地用功，这才能叫作笃行（切实地践行）。

典故趣读

在清朝初年，有一位杰出的学者和史学家，他的名字叫万斯同。他参与编纂了中国历史上举足轻重的史书合集——《二十四史》，这一贡献为后世留下了无价的文化瑰宝。然而，你可能想不到，这位能够参与完成如此宏伟巨著的学者，在孩提时期其实是一个调皮的孩子。

因为年少贪玩，万斯同曾在客人前失态，受到了众人的批评。

在一怒之下，他甚至掀翻了宾客的桌子，结果被愤怒的父亲关进了书房。

在书房中，百无聊赖的万斯同开始翻阅书架上的书籍。他意外地发现读书原来也很有趣，于是一头扎进了书海，津津有味地读了起来。这一读，就是一年多。在这段时间里，万斯同完全沉浸在阅读的世界中，“两耳不闻窗外事，一心只读圣贤书”。无论遇到多大的阅读障碍和困惑，他都坚持不懈。他这种孜孜不倦的精神也赢得了父亲的赞许。

正是通过这样日复一日的刻苦学习和积累，万斯同逐渐成长为一位博学多才、精通历史的著名学者。后来，在参与《二十四史》中的《明史》编纂工作时，他成为团队的核心。每当一篇初稿完成，都会送到万斯同那里进行审阅。他总能准确地指出需要补充和说明的地方，甚至能具体到某一本书的某一卷某一页。他对史书的熟悉程度令人叹为观止，也因此成为后世学者敬仰的楷模。

读书或许是一件枯燥乏味的事情，但万斯同却能深入其中，不断钻研。他从一本书读到十本书，再从十本书读到满屋子的书，最终将这些知识深刻地印在了自己的心里。这种漫长而艰辛的积累，使他获得了渊博的知识，成为一位杰出的史学家。

试想一下，如果万斯同只读了几本书就开始沾沾自喜，或者读书只是走马观花、不求甚解，那么他所写出来的东西必然毫无价值可言。更不用说去指导和审阅其他编纂者整理的资料了。正是因为他的勤奋和专注，才成就了他在史学领域的卓越地位。

进退之道

“笃行”就是做事坚持到底，这也是现在很多人缺乏的持之以恒的决心和行动。凡事，尤其是自己选择了的事，务必要“笃行”，而不是今天去猎奇，后天去冒险或者抱着侥幸的心理去做事；否则，再简单的事，不能持续用功地付诸行动，都有可能与原本近在咫尺的成功失之交臂。

当今社会，人心浮躁，很多人都想在最短的时间内得到自己想要的东西，甚至想在最短的时间内证明自己的价值。于是，就诞生了恋爱速成、学业速成、事业速成等急功近利的事情，结果造成了人们对很多事情都是浅尝辄止，尝到一点甜头或者得到一点好处就拂袖而去。事实上，这种看似高明的做事和处世法则，让很多自以为是的人失去了与成功“亲密接触”的机会，最终一无所获。

志当存高远，姿态要低矮

原文

立身不高一步立，如尘里振衣，泥中濯足，如何超达？处世不退一步处，如飞蛾投烛，羝羊触藩，如何安乐？

——《菜根谭》

译文

立身处世假如不能站得高看得远一些，就好像在飞尘里整理衣服，在泥水里洗濯双脚，又如何能超凡绝俗、出人头地呢？处理事物假如不作留一些余地的打算，就好比飞蛾扑火，公羊去顶撞篱笆被卡住角，哪里能够使自己的身心摆脱困境而感到愉快呢？

典故趣读

卓茂是西汉时期的杰出才子，成长于一个世代为官的家族。他的祖父与父亲都曾身居郡首的要职，自幼他便沐浴在书香的气息中。在汉元帝时期，他怀揣着对知识的渴望，远赴首都长安求学，拜入当时朝廷的博学之士江生门下。在江生的悉心指导下，卓茂刻苦钻研，熟读《诗经》《礼记》等经典，并深入研究历法和数学著作，在人文、地理、天文、历算等领域都达到了精通的程度。

卓茂不仅在学术上有所建树，更在人格修养上锤炼自己。他深入研究江生的思想，对微言大义进行深入揣摩，逐渐成为一名儒雅而博学的学者。在师友学弟中，他以性情仁厚而著称。无论是对待师长还是同窗，他始终保持着礼让恭谦的态度，即便是面对品行各异的同乡好友，他也能与之和睦相处，以礼相待。

卓茂的学识与人品赢得了广泛赞誉，丞相得知后特地征召他，让他侍奉位高权重的孔光，这足以证明他在当时社会的影响力之大。

某日，卓茂骑着马出门，迎面遇到一人指着他的马说那是他丢失的。卓茂耐心询问，得知那人的马已经失窃一个多月。他心中明了，这匹马跟随自己已经数年，显然是对方认错了。然而，卓茂并未因此责怪对方，反而微笑着解开缰绳，将马交给那人，自己则拉着车继续前行。在离去时，他还不忘回头叮嘱那人："若此马非你所失，望至丞相府归还。"

过了几天，那人找到了自己真正失窃的马匹，深感愧疚地来到丞相府，将卓茂的马归还，并向其叩头道歉。卓茂的宽容与智慧不仅化解了一场误会，更展现了他的高尚品质，赢得了人们的尊敬与赞叹。

进退之道

常言道，退一步海阔天空。当我们学会退让，便能够摆脱狭隘的个人得失，拓宽视野，站在更高的境界审视人生。退得起的人，往往拥有宽广的胸怀和深厚的涵养，他们懂得尊重他人、理解他人，因此能够与人和睦相处，赢得他人的尊重和信任。

人生中的退让，有助于我们在纷争中保持冷静，在冲突中保持理智，从而避免了许多不必要的争执和矛盾。退让，更是一种成长，它让我们在磨砺中学会包容，在挫折中学会坚强，在失败中学会勇敢。

大度能忍，前路无阻

原文

必有忍，其乃有济；有容，德乃大。

——《尚书》

译文

人能够忍耐，事情才有可能成功；人有宽容的度量，德行才算高尚宏大。

典故趣读

在经典名著《三国演义》中，蜀国宰相蒋琬以其宽容与大度，成功地将对手转化为朋友，展现了一位卓越政治家的风范。面对那些对他不认同，甚至污蔑、诽谤他的人，蒋琬总是以一颗平和的心去对待，用他高尚的人格魅力和卓越的治国才能，赢得了众人的敬佩，使蜀国上下一心，稳定了动荡的局势。

蒋琬以其“以民为本，务实为政，不尚空谈”的稳重作风，赢得了诸葛亮的极高赞誉，甚至在临终前都推荐他接任丞相一职。然而，

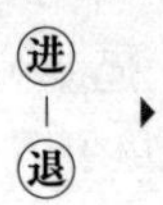

蒋琬上台后，并非一帆风顺。蜀国大臣杨仪，自认为资历深厚，却未得到应有的重用和奖赏，因此心生不满，口出怨言。甚至扬言，若是在诸葛亮刚去世时，他便率部投魏，或许会有更好的境遇。刘禅听闻此言，大怒之下欲治其罪。

然而，蒋琬虽知杨仪对自己心存不满，却认为他罪不至死，反而为他求情。这种容忍与大度，不仅体现了蒋琬的人格魅力，也为蜀国政局的稳定奠定了基础。

蒋琬的谋士杨戏，在与蒋琬讨论事务时，常常沉默寡言。有人便以此中伤杨戏，说他傲慢无礼，不敬丞相。但蒋琬深知，人与人之间的关系复杂，若因一时一事计较，很可能引发更大的矛盾，不利于国家安定。因此，他反而替杨戏辩解，称他性格内向，言语谨慎，并告诫手下不得再议人是非。

正是蒋琬这种宽容大度、求同存异的处事气度，赢得了众人的敬仰和广泛的人脉。在诸葛亮去世后的一段时期里，他对稳定蜀国民心起到了关键作用。

进退之道

与人交往，难免会遇到不顺心的事，被羞辱、被误解，自尊心受到挑战。面对这种情况，我们有两种选择：一是针锋相对，坚决反击；二是以退为进，忍耐自安。而事实证明，有时候，能忍的人才是真正的强者。这里的“忍”，是为了大局、为了长远利益，将他人的攻击和误解化为内心的力量，不予反击，以求得和平与安宁。有句俗话说：“百忍成金”，这正是对“忍”的意义和价值的最好诠释。

实践出真知，磨炼长才干

原文

学不尚实行，马牛而襟裾。

——《增广贤文》

译文

学了道理而不努力去实行，就好比穿上衣服的牛马，不会改变愚劣的本性。

典故趣读

战国时期，有一位伟大的思想家、科学家和哲学家，他就是墨子。墨子名翟，是墨家学派的创始人，主张“兼爱”“非攻”等思想，强调实用主义和无神论。在那个战火纷飞的年代，墨子以身作则，尚行实践，为人们树立了一个楷模。

某日，消息传来，楚惠王命令名匠公输班制造了一种新型战争器械——云梯，显然是为了对付弱小的宋国。墨子闻讯后，神色凝重。他深知一旦云梯制成，宋国将面临巨大的威胁。为了阻止这场无谓的战争，墨子毅然决定亲自前往楚国。

当时的交通并不便利，但墨子心急如焚，他日夜兼程，历经十天十夜，终于抵达了楚国都城。他没有时间休息，立刻请求面见楚王和公输班。

在楚王的宫殿中，墨子与公输班展开了一场激烈的辩论。但公输班对自己的云梯信心满满，认为它定能助楚国一统天下。墨子见状，便提出与公输班进行一场攻守演习，以实战来检验云梯的威力。

演习开始，公输班指挥着装备了云梯的楚军发起猛烈攻击，而墨子则巧妙地布置防线，运用自己的智慧和战术，一次次化解楚军的攻势。无论公输班如何变换战术，都无法突破墨子的防线。经过几番较量，公输班终于败下阵来，无奈地认输了。

楚王见状大怒，想要杀掉墨子这个搅局者。但墨子毫不畏惧，他平静地告诉楚王，自己此行并非孤身一人，还有三百名精通墨家战术的学生已经在宋国的城墙上严阵以待。如果楚王执意攻打宋国，那么他们将面临更大的阻力。

楚王听了墨子的话，心中一惊。他意识到即使杀了墨子，也无法改变眼前的局势。而且墨子的话让他意识到战争的代价可能是巨大的，于是楚王打消了攻打宋国的念头。

进退之道

如今，墨子的故事已经成为历史的佳话，他的尚行精神也激励着一代又一代人。在追求和平与发展的道路上，我们应该铭记墨子的教诲，以尚行的态度去面对生活的挑战，共同创造一个更加美好的未来。

知行知止，掌握做人分寸

原文

笙歌正浓处，便自拂衣长往，羡达人撒手悬崖；更漏已残时，犹然夜行不休，笑俗士沉身苦海。

——《菜根谭》

译文

当歌舞盛宴到最高潮时，就自行整理衣衫毫不留恋地离开，那些胸怀广阔的人就能在这种紧要处猛回头，真是令人羡慕；夜深人静仍然忙着应酬的人，已经陷入无边痛苦中而不自觉，说来真是可笑。

典故趣读

清朝康熙年间，有一位出身于汉军镶黄旗的进士，他名叫年羹尧，不仅才华横溢，更具备出色的军事才能。他多年主持西北军务，战功卓著，权势日益显赫。

康熙末年，太子被废，皇子们纷纷展开激烈的嗣位争夺战。胤禛，也就是后来的雍正皇帝，自然也不甘示弱。他深知，除了凭借自

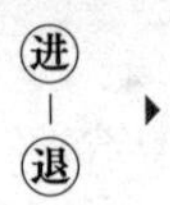

己的精明干练赢得父皇的信任外，还需要拉拢那些手握重兵的朝中大臣。因此，他极力与年羹尧和隆科多结交。当时，隆科多手握重兵，掌管京城九门的进出，能够控制整个京城的局势；而年羹尧则负责管辖胤禵驻兵之地，位于可以牵制和监视胤禵的战略要地。西安作为西北前线与内地的交通枢纽，更是全国的战略重地。因此，历史学家普遍认为，雍正的即位，内部得益于隆科多的支持，外部则得益于年羹尧的助力。

雍正即位后，年羹尧和隆科多迅速成为新政权的核心人物，备受恩宠。雍正将西北的军事大权全权交给年羹尧处理。雍正元年十月，青海厄鲁特部发生暴乱，雍正帝任命年羹尧为抚远大将军。年羹尧不负众望，率师出征西宁，成功平定了暴乱，威震西南。为此，雍正帝特封年羹尧为一等公爵。

雍正不仅给予年羹尧高官厚禄，还对他的家人关怀备至，甚至将年羹尧视为恩人。他要求自己的子孙和天下臣民都对年羹尧充满感激之情，若有负心或异心，便不配做他的子孙或臣民。雍正更是对年羹尧甜言蜜语，声称二人之间的君臣情谊超越了历史上的任何一对君臣，愿成为千古君臣知己的典范。

然而，这些甜言蜜语让年羹尧逐渐陷入了骄傲自满的境地。他以为雍正真的将他视为知己，开始居功自傲、骄横跋扈。当他回京时，军威浩荡，气势逼人。雍正亲自到郊外迎接，百官伏地参拜，但年羹尧却与雍正并肩而行，毫无恭敬之意。这让雍正心中极为不悦，开始对他产生嫌恶之情。

雍正三年四月，皇帝以年羹尧奏表字迹潦草和成语倒装为由，免去了他的大将军职务，调往杭州担任将军，以解除他的兵权。随后，一些臣僚见年羹尧失宠，纷纷上奏揭发他的罪行。此时，雍正又听闻年羹尧在西北时与胤禩等人有所交往，甚至涉及废立皇帝的谣传。生性多疑的雍正便下定决心要处死年羹尧。

最终，议政大臣们列出了年羹尧的几十条罪状，判处他死刑。但考虑到年羹尧在平定青海的功劳，雍正决定让他自行了断。年羹尧的父亲因年老而免死，但他的儿子年富则被斩首示众。其余十五岁以上的男子都被发配到广西、云南等边远地区充军。年家的族人全部被革职，与年家亲近的人也被视为叛逆党羽，受到严惩。

进退之道

人生如行舟，须知激流勇进与顺势而为的尺度。做人做事，切勿走极端，用力也要适可而止。须知悬崖撒手，方能避免陷入绝境，确保平安。生活中，我们既要积极进取，又要知行知止，这样方能掌握人生的节奏与韵律。做人处世，掌握分寸、恰到好处才是智慧。只有如此，我们才能游刃有余地行走在人生的道路上，既不失进取之心，又能保持内心的宁静与平和。

不与人争，人生之路自然畅通

原文

善为士者，不武；善战者，不怒；善胜敌者，不与；善用人者，为之下。是谓不争之德，是谓用人之力，是谓配天古之极。

——《道德经》

译文

善于带兵打仗的将帅，不逞其勇武；善于打仗的人，不轻易发怒；善于胜敌的人，不与敌人正面冲突；善于用人的人，对人表示谦下。这叫作不与人争的品德，这叫作善于用人的能力，这叫作符合自然的道理，是古代德的最高准则。

典故趣读

战国时期，赵国丞相蔺相如凭借“完璧归赵”的壮举赢得了赵王的赞赏。然而，这一消息传到武将廉颇耳中，他却心生不满。多年征战沙场，他认为自己功勋卓著，却看到蔺相如仅凭口舌之利便官居高位，心中难免失衡。

某日，得知蔺相如赴宴，百姓夹道欢迎，廉颇决定当面羞辱他一番。他率领家丁封锁街道，试图拦截蔺相如。但蔺相如却选择绕路而行，避免与他正面冲突。廉颇见状，更是愤怒不已，继续挑衅，但蔺相如始终保持冷静，罢宴回府。

此事迅速传开，百姓纷纷称赞蔺相如的雅量。大夫虞卿得知后，立即向赵王汇报，并请求调解两人矛盾。赵王深知此事关乎国家稳定，便命虞卿务必促成和解。

虞大夫首先拜访蔺相如，传达赵王的问候与关心。蔺相如坦诚相告："我并非畏惧廉颇，而是为国家着想。廉颇将军威震四方，使得敌国不敢轻易进犯。若我们内部争斗，只会让强敌有机可乘。若我有什么得罪之处，愿意向廉颇将军道歉。"虞大夫听后，对蔺相如的胸怀表示敬佩。

随后，虞大夫又前往廉颇府上。他先是称赞廉颇的战功与威望，然后委婉地指出他过于骄傲自大的问题。虞大夫说："你与秦王相比，谁更厉害？蔺相如连秦王都不怕，又怎会惧你？他之所以如此忍让，是担心国家因你们的矛盾而陷入危机。若秦国趁机进攻，后果不堪设想。"

廉颇听后如梦初醒，意识到自己过于骄横无理。他深感愧疚，决定亲自向蔺相如道歉。于是，廉颇负荆请罪，两人终于和解，留下了一段"将相和"的佳话。

进退之道

在这个竞争激烈的社会中，人们往往为了名利而争斗不休。然而，真正的智者却懂得远离这些纷扰，保持一颗平静的心。不争，并非软弱无能，而是一种宽广的胸襟、宏大的气魄和优雅的姿态。让我们学会远离名利的旋涡，用一颗平和的心去面对生活的挑战。